什么是辩证唯物主义

主　　编　闫　玉
副 主 编　孔德生　王雪军
本册作者　穆慧涛

中华工商联合出版社

图书在版编目（CIP）数据

什么是辩证唯物主义 / 穆慧涛编著. --北京：中
华工商联合出版社，2014.3
ISBN 978-7-80249-980-5

Ⅰ．①什… Ⅱ．①穆… Ⅲ．①辩证唯物主义－青年读
物②辩证唯物主义－少年读物 Ⅳ．①B02-49

中国版本图书馆 CIP 数据核字（2014）第 034653 号

什么是辩证唯物主义

作　　者：穆慧涛
出 品 人：徐　潜
策划编辑：魏鸿鸣
责任编辑：林　立
封面设计：徐　超
责任审读：郭敬梅
责任印制：迈致红
出版发行：中华工商联合出版社有限责任公司
印　　刷：固安县云鼎印刷有限公司
版　　次：2014 年 4 月第 1 版
印　　次：2021 年 10 月第 2 次印刷
开　　本：155mm×220mm　1/16
字　　数：74 千字
印　　张：11.5
书　　号：ISBN 978-7-80249-980-5
定　　价：38.00 元

服务热线：010－58301130
销售热线：010－58302813
地址邮编：北京市西城区西环广场 A 座
　　　　　19－20 层，100044
http：//www.chgslcbs.cn
E-mail：cicap1202@sina.com（营销中心）
E-mail：gslzbs@sina.com（总编室）

目录 *Contents*

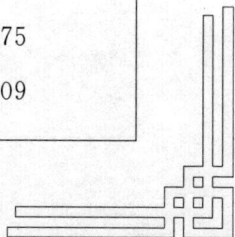

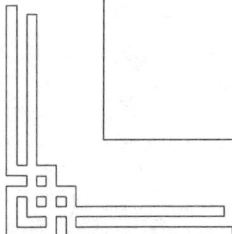

一、科学的世界观和方法论

——辩证唯物主义

辩证唯物主义是马克思主义哲学的一般原理，它运用于整个世界，包括自然界、人类社会和思维领域。辩证唯物主义哲学是人类迄今为止最完整、最科学的世界观和方法论。

"辩证唯物主义"概念首次提出是在 1886年，德国工人哲学家约瑟夫·狄慈根在他所著的《一个社会主义者在认识论领域中的漫游》一文中首次使用。

1891 年，俄国马克思主义者普列汉诺夫在《黑格尔逝世六十周年》中，考察了马克思主

义哲学与黑格尔哲学的关系，明确指出马克思主义哲学是继承了黑格尔哲学遗产、比以往唯物主义完善得多的"辩证唯物主义"。①

革命导师列宁反复强调："马克思主义的哲学是辩证唯物主义。"②"马克思和恩格斯曾屡次说，马克思主义的哲学基础是辩证唯物主义。"③

（一）辩证唯物主义的产生和发展

辩证唯物主义是辩证法与唯物主义的有机结合，是马克思和恩格斯在批判地继承以往哲学发展优秀成果的基础上，汲取唯物主义和辩证法的积极方面，并使之发展、升华的产物。

---

① 《普列汉诺夫哲学著作选集》第 1 卷，第 470~501 页。
② 《列宁选集》第 2 卷，人民出版社 1995 年版，第 10 页。
③ 《列宁选集》第 2 卷，人民出版社 1995 年版，第 375 页。

1. 辩证唯物主义的产生

任何一种科学理论都是时代的产物。辩证唯物主义的产生不是"天马行空"的想象和创作，不是"闭门造车"的发明和成果。作为一种科学的世界观，除了马克思与恩格斯的创作，它的产生和发展也是时代的产物，具有独特的社会历史条件。

（1）辩证唯物主义产生的时代背景——社会化大生产不断发展

辩证唯物主义哲学产生于 19 世纪中叶，19 世纪是社会历史发展中的一个重大转折时期。当时的欧洲，资本主义已进入较高的比较发达的阶段。由英国开始的工业革命使机器大工业普遍地发展起来。随着生产力的发展，资本主义制度所固有的内部矛盾日益暴露加深。资本主义国内市场和海外贸易的发展，开阔了人们的眼界，使人们有可能对社会历史发展进行比较分析，从而解释社会历史发展的物质根源和客观规律。

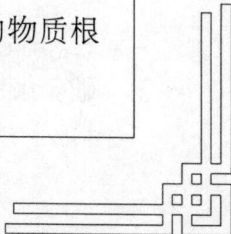

（2）辩证唯物主义产生的阶级基础——无产阶级反对资产阶级的斗争

随着资本主义的发展，无产阶级队伍不断壮大。从 19 世纪 30 年代起，西欧的无产阶级作为一支独立的力量登上政治舞台，并且开始进行有组织的政治斗争。1831 年和 1834 年的法国里昂工人起义，1837 年开始的英国宪章运动，1844 年德国西里西亚的纺织工人起义，都显示了无产阶级的力量。但是，这些斗争实践由于缺乏革命理论的指导，最终都失败了。无产阶级的革命实践迫切需要有自己的科学理论来指导，正确认识自己的前途和使命，辩证唯物主义哲学正是适应这一需要而产生的。

（3）辩证唯物主义产生的自然科学前提——自然科学的三大发现

19 世纪中叶，自然科学取得了前所未有的重大发展。具有划时代意义的三大科学发现即细胞学说、能量守恒和转化定律、生物进化论，为辩证唯物主义哲学的产生提供了科学基础。细胞学说揭示了细胞是组成动植物机体的基本单位，一切动植物机体都是由细胞繁殖和分化而产生的，从而证明了动植物机体是按照共同的规律发育生长的，整个生物界是有机联系的；能量守恒和转化定律揭示了物质和能量既不能创造也不能消灭，只能从一种形式转化为另一种形式，从而证明了物质和运动都是永恒的，各种物质形态和运动形式处在相互联系和转化之中；生物进化论揭示了千姿百态的生物包括人在内，都是由原始单细胞胚胎按照"适者生存"的规律长期发展的结果，从而证明了物质世界是一个有机联系的统一整体，处在由简单到复杂的发展过程之中。这三大发现的哲学意义在于，描绘出了一幅自然界联系的清晰图画，揭示了事物的普遍联系和永恒发展，证实了物质世界的统一性。它们为马克思和恩格斯进行科学的哲学概括、创立辩证唯物主义奠定了基础。

（4）辩证唯物主义产生的直接理论来源——德国古典哲学

马克思和恩格斯在批判地继承了当时欧洲

社会科学重大优秀成果基础上创立了辩证唯物主义。这些社会科学重大优秀成果包括德国古典哲学、英国古典政治经济学及空想社会主义。德国古典哲学，主要是黑格尔的辩证法和费尔巴哈的唯物主义，是辩证唯物主义的直接理论来源。青年时期的马克思和恩格斯既受过黑格尔哲学的熏陶，又经过费尔巴哈哲学的洗礼。在理论上，他们摒弃了黑格尔的唯心主义外壳，批判地吸收了辩证法思想的"合理内核"；抛弃了费尔巴哈哲学中的形而上学方法，批判地吸收了唯物主义的"基本内核"。以此为基础，通过自己的科学发现，创立了辩证唯物主义哲学。

（5）辩证唯物主义产生的主观条件——马克思和恩格斯的伟大精神

前面四个方面的条件，为辩证唯物主义哲学的创立提供了客观条件，提供了必要准备。但是一种理论的创立除却客观的条件，还须创立者的主观努力。马克思和恩格斯都善于学习，掌握了渊博的知识；马克思、恩格斯善于思考，能运用创造性的思维，总结时代的优秀科学成果，并加以升华创造；马克思、恩格斯积极参加和指导工人运动，进行反对资产阶级、资本主义制度、争取工人阶级解放的阶级斗争。他们具有的领导工人运动的丰富经验，也是创立辩证唯物主义理论的重要条件。另外，为了科学理论的研究，为了真理，马克思牺牲了优雅舒适的生活，过着颠沛流离、贫病交加的生活；为了提供科学理论研究经费，为了真理，恩格斯牺牲了个人爱好，遵从父命经商。因此，马克思和恩格斯为真理而献身的精神也是辩证唯物主义理论产生的极为重要的主观条件。

2. 辩证唯物主义的发展

辩证唯物主义不是离开人类文明发展的道路而产生的，它随着人类实践的需要而产生，也必将随着人类实践的发展而发展、充实和完善。一个多世纪以来，实践不断提供新经验、提出新课题，辩证唯物主义在实践中不断发

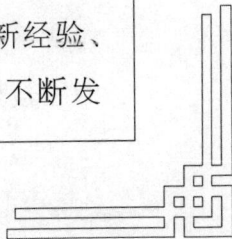

展。这种发展，除了马克思、恩格斯根据实践的发展对自己创立的理论不断充实和完善外，还包括后来的列宁、毛泽东、邓小平、江泽民等马克思主义者在领导本国革命和建设的实践中，对辩证唯物主义哲学的充实和发展。

列宁在帝国主义和无产阶级革命新的历史条件下，在同第二国际机会主义的斗争中，在总结新的历史经验和概括自然科学最新成就的基础上，全面发展了马克思主义，把辩证唯物主义哲学发展到新的阶段——列宁主义阶段。

在中国，以毛泽东为代表的马克思主义者将马克思恩格斯列宁的辩证唯物主义哲学与中国革命和建设实际相结合，创造性地发展了辩证唯物主义理论。毛泽东在批判教条主义和经验主义的斗争中，写下了《实践论》和《矛盾论》两篇光辉哲学著作。在《中国共产党专业委员会关于建国以来党的若干历史问题的决议》中，提到毛泽东的"哲学著作和其他许多包含着丰富哲学思想的著作，从总结中国革命的经验教训中，深刻地论述和丰富了马克思主义认识论和辩证法"。党的十一届三中全会以后，以邓小平为代表的马克思主义者面对新的历史时期，面对建设中出现的新情况、新问题，将辩证唯物主义哲学同社会主义建设实际相结合，以"解放思想，实事求是"为重要哲学基础，纠正了探索进程中的错误，打破"两个凡是"的神话，为社会主义发展阶段做出了正确定位，对社会系统发展规律、对现代化建设规律进行了正确认识，取得了改革开放和现代化建设的伟大成就。随着社会主义建设的不断深入，以江泽民为代表的中国马克思主义者，以邓小平理论为指导，提出"三个代表"的重要思想，科学发展观的重要思想，这是对辩证唯物主义哲学的更深刻的论证、更丰富的发展。

总之，辩证唯物主义哲学根据科学和实践的时代特点，反思、概括总结了科学成果和实践经验，反映了时代的内容和需要，应对了时代的问题和挑战，它是真正的时代精神的精华。

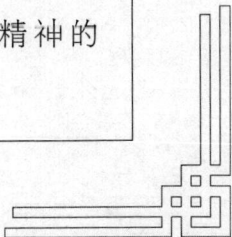

（二）辩证唯物主义在马克思
主义理论中的地位

马克思主义是一个完备而严密的思想理论体系，涉及政治、经济、文化、科技、自然界等各个领域。它主要由马克思主义哲学、政治经济学和科学社会主义三个部分组成。其中，马克思主义哲学是马克思主义的世界观和方法论，是马克思主义的理论基础，是马克思主义最根本的理论特征。马克思主义政治经济学，即马克思主义的经济学说，是马克思主义的主要内容，是马克思主义理论最深刻、最全面、最详细的证明和运用。科学社会主义，又称科学共产主义。物质财富极大丰富、人民精神境界极大提高、每个人自由而全面发展的共产主义社会，是马克思主义最崇高的社会理想。那么，辩证唯物主义在马克思主义哲学以及马克思主义全部理论中处于何等重要的地位呢?

1. 辩证唯物主义在马克思主义哲学理论中居于核心地位

马克思主义哲学是"关于外部世界和人类思维的运动的一般规律的科学"。① 因此,马克思主义哲学的内容包括外部世界和人类思维的运动的一般规律,即包括唯物主义自然观和历史观的统一,唯物主义和辩证法的统一,亦即辩证唯物主义和历史唯物主义的统一。辩证唯物主义和历史唯物主义是马克思主义哲学的基本内容。

辩证唯物主义与历史唯物主义的关系。列宁曾说"在这个由一整块钢铁铸成的马克思主义哲学中,决不可去掉任何一个基本前提、任何一个重要部分,不然就会离开客观真理,就

————
① 《马克思恩格斯选集》,第 4 卷,人民出版社 1995 年版,第 243 页。

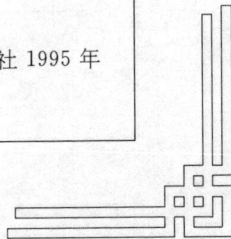

会落入资产阶级反动谬论的怀抱"。① 列宁认为，马克思主义哲学是一块整钢，这块整钢包括辩证唯物主义和历史唯物主义的基本内容，二者是密不可分地联系在一起的统一的关系。这种统一关系在于辩证唯物主义与历史唯物主义不可分割，没有辩证唯物主义就没有历史唯物主义，没有历史唯物主义也就没有辩证唯物主义。辩证唯物主义作为研究自然、社会和思维运动发展的普通规律的一般世界观和方法论的理论，它的辩证唯物的精神不仅体现贯彻在对自然界及其规律的认识即自然观中，而且体现贯彻在对社会历史及其规律的认识即历史观中。换句话说，辩证唯物主义实质上包含了历史唯物主义的基本原则和内容，历史唯物主义是围绕辩证唯物主义这个"核心"在社会历史领域的展开。因此，没有辩证唯物主义也就没有历史唯物主义。同样地，如果从辩证唯物主

---

① 《列宁选集》，第 2 卷，人民出版社 1995 年版，第 221～222 页。

义中剥除历史唯物主义原则和内容，那么它就只能是自然观上的唯物主义，只能是与旧哲学一样，就不再是辩证唯物主义了。因此，历史唯物主义是彻底的唯物主义的标志，没有历史唯物主义就没有辩证唯物主义。

因而，辩证唯物主义在马克思主义哲学的总体结构中居于核心地位。

2. 辩证唯物主义是马克思主义全部学说的理论基础

辩证唯物主义是马克思主义全部学说的理论基础，这种理论基础对于马克思主义政治经济学和科学社会主义的研究起着重要的指导作用。无论是马克思主义的政治经济学还是科学社会主义的理论阐述都是以辩证唯物主义哲学为基础展开的，都是运用辩证唯物主义哲学的方法加以研究和解释的。换句话说，没有辩证唯物主义哲学就没有其他科学理论的阐述。例如，马克思主义政治经济学的主要著作《资本论》便是以辩证唯物主义哲学为指导的。这是

辩证方法应用于政治经济学的第一次尝试。马克思利用辩证唯物主义哲学中的对立统一的思维方法，从分析商品的内在矛盾入手，揭示了资本主义社会各种固有的矛盾，用唯物主义辩证法剖析了商品生产和资本主义生产方式的运动过程。

另外，辩证唯物主义通过历史唯物主义对马克思主义政治经济学发挥指导作用。马克思和恩格斯运用辩证唯物主义研究社会历史问题，确立了正确认识社会历史发展规律的科学的世界观和方法论，创立了历史唯物主义。历史唯物主义对政治经济学和科学社会主义的研究起了重要作用。例如，马克思主义政治经济学的著作《资本论》是以唯物主义历史观及其在现代社会的应用为依据的，马克思借助唯物史观发现了剩余价值学说，揭开了资本剥削劳动的秘密，阐明了资本主义生产及其过程，从而揭示了资本主义产生、发展到最后必然被共产主义所取代的历史趋势。

二、描绘美丽的世界图景

——世界的物质统一性

我们生活在怎样的世界？这个世界里有自然界日月星辰、雷电风雨、山川湖泊、花草树木、飞禽走兽的千姿百态；这个世界里有人类社会生产力、生产关系、阶级、国家、政党等的丰富多彩；这个世界里有人类意识、精神、文化现象的千差万别。我们不禁首先思考：如此美丽复杂的世界，究竟它是什么，无限多样的现象背后共同本质是什么，它们统一的基础是什么？

世界共同本质和统一的基础是什么？这个

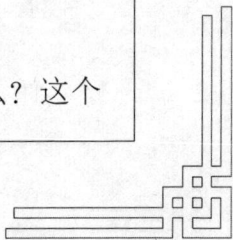

问题是哲学家们一直在思考、探讨和回答的重要的基本问题。对这个问题的回答有唯物主义和唯心主义两种截然相反的答案：唯物主义认为世界是物质的，物质是一切事物、现象的共同本质和统一基础；唯心主义认为世界是精神的，精神是一切事物、现象的共同本质和统一基础。

辩证唯物主义认为世界有共同的本质，这个共同的本质就是物质统一性。换句话说，世界统一于物质。

（一）世界的物质性

唯物主义认为世界是物质的，那么物质是什么呢？石头、花、草等是不是就是物质呢？

1. 世界是物质的，物质是什么

唯心主义哲学认为世界的本质是精神，那

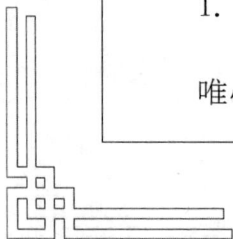

么它认为物质是什么呢？主观唯心主义认为"物质是观念的集合，存在就是被感知"，不能撇开人的感知来谈物的绝对存在，世界的本质是"人的观念或感觉"。客观唯心主义认为"物质是理念的影子"，世界的本质是客观精神，如"绝对精神"、"世界理性"、"神的意志"等。

唯物主义哲学认为世界的本质是物质。那么它认为物质是什么呢？"物质"范畴是唯物主义哲学对世界本原和统一基础的最高抽象，在哲学史上，物质观的形成发展经历了由片面到全面、由浅入深、由朴素到科学的过程，这一过程可分为三个基本阶段：古代朴素唯物主义的物质观，近代形而上学唯物主义的物质观和马克思主义辩证唯物主义的物质观。我们来了解一下这三个阶段，从而正确理解辩证唯物主义的物质观。

第一阶段：古代朴素唯物主义的物质观——古代朴素的世界图景

古代朴素唯物主义物质观的特点是将物质

归结为日常的具体的物质形态。例如，古希腊伊奥尼亚学派的创始人泰勒士认为"水"是万物的始基，万物都由水演化而来。赫拉克利特认为"火"是万物的始基，他说："这个世界对一切存在物都是同一的……它过去、现在、未来永远是一团永恒的活火，在一定分寸上燃烧，在一定分寸上熄灭。"古印度哲学认为地、水、火、风是构成万物的始基。我国古代的五行说认为"五行相生相胜"而形成万物。古代朴素唯物主义的代表有中国的元气说和德谟克利特的原子论。元气说认为，一切有形的物体都是由元气生成。原子论认为，世界万物都是由不可分割的原子和虚空构成的。

古代朴素唯物主义物质观的共同特点，是把物质归结为某种具体的物质形态。这种观点坚持了唯物主义的正确方向，但同时把物质本身与具体物质形态相混淆，带有明显的直观性和猜测性的局限，因而具有朴素的性质。

第二阶段：近代形而上学唯物主义的物质观——近代的机械世界图景

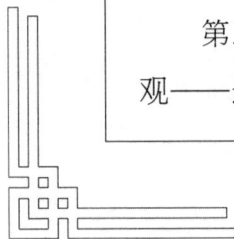

随着近代自然科学的发展，近代形而上学唯物主义的物质观形成。当时自然科学关于物质结构的研究达到的最深层次是原子。以此为基础和根据，近代形而上学唯物主义把物质归结为原子。认为原子是"宇宙之砖"，世界上的一切都是由原子构成的，原子的特性，如质量不变、广延性、不可分性，也是一切物质的特性。

近代形而上学唯物主义物质观的特点是，对物质世界的认识取得了进步和深化，物质概念以近代科学的成就作根据，克服了自发的猜测的性质。但是由于当时科学材料的局限和辩证思想的缺乏，导致近代形而上学唯物主义物质观存在一些重大缺陷：其一，把世界简单化了，看不到原子也是不可穷尽的；其二，不了解认识的发展过程，误把人们对物质某一层次的认识当成对物质的最终层次的认识；其三，不了解特殊与一般的辩证关系，把原子的个性与物质的共性混淆了；其四，割裂了自然界和人类社会的物质统一性，在历史领域里陷入了

唯心主义。

第三阶段：辩证唯物主义的物质观——现代的辩证世界图景

辩证唯物主义的物质观克服了以往唯物主义物质观的局限，继承和吸收了其中正确的观点和思想，同时在总结了 19 世纪以来自然科学和社会科学的研究成果的基础上，形成了辩证唯物主义的物质观。

（1）物质概念的科学定义

早在 19 世纪 80 年代，恩格斯在总结哲学和自然科学发展成果时就指出："物、物质无非是各种物的总和，而这个概念就是从这一总和中抽象出来的。"① 列宁为了捍卫唯物主义，在此基础上进一步明确提出了辩证唯物主义的物质范畴："物质是标志客观实在的哲学范畴，这种客观实在是人们通过感觉感知的，它不依赖于我们的感觉而存在，为我们的感觉所复

① 《马克思恩格斯选集》第 4 卷，人民出版社 1995 年版，第 343 页。

写、摄影、反映。"① 物质范畴是对物质世界多样性和统一性作出的最高的哲学概括，它揭示出物质的唯一特性是客观实在性。列宁的物质定义与以往物质定义的区第一别在于，列宁是从物质与意识二者关系的角度来界定把握物质的。

(2) 列宁物质概念的哲学意义

恩格斯、列宁关于物质范畴的定义是马克思主义物质观的核心，包含了极其丰富的内容，具有多方面的重大意义。

第一，它彻底坚持了唯物主义的基本原则，坚持了唯物主义的一元论，是反对唯心主义和二元论的锐利武器。

那么，什么是一元论？什么又是二元论？

一元论主张世界有一个统一的本原，唯物主义和唯心主义都是一元论哲学。唯物主义一元论主张世界统一的本原是物质；唯心主义一

---

① 《列宁选集》第 2 卷，人民出版社 1995 年版，第 89 页。

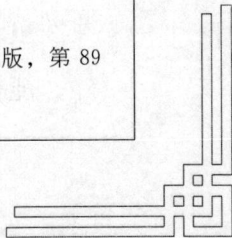

元论主张世界统一的本原是精神。二元论否认世界有一个统一的本原，认为物质和精神是两个独立的互不依赖的本原，它是动摇于唯物主义和唯心主义之间不彻底的哲学，最终倒向唯心主义。

第二，它指出物质"是通过感觉感知的"，人的认识可以反映客观实在，从而彻底坚持了唯物主义的反映论和可知论，为人类探索宇宙的奥秘指明了方向。

第三，它对物质世界的多样性作了最高的哲学概括，指出"客观实在性"是一切物质的共性，既肯定了哲学物质范畴同自然科学物质结构理论的联系，又把它们区别开来，从而克服了形而上学唯物主义的缺陷。

石头、花草鱼虫、山川湖泊是不是物质？

回答这个问题需要区分哲学范畴的"物质"和"物质的具体形态"。哲学范畴的"物质"反映的是一切具体物质形态的共性，这个共性就是客观实在性，即独立于人的意识之外，能被人们认识和反映的客观实在。像石

头、花草鱼虫、山川湖泊之类，属于物质的具体形态，即物质的具体存在形式，这些形态和形式是丰富多彩的，是复杂多样的。这些具体形态有一个共同的特性，就是它们都是不以人的意志为转移而客观存在，都具有客观实在性。

（3）辩证唯物主义物质范畴与现代科学

辩证唯物主义物质范畴具有高度的抽象性和概括性，经受住了现代科学发展的不断检验，更加印证了它的科学性和深刻性。

目前，现代科学对物质结构的认识取得了新的成就。目前所发现的300多种基本粒子，这些基本粒子可以归结为四个类型：光子、轻子（包括电子）、介子以及重子（包括中子和质子）。基本粒子各有自己的属性，互相作用、互相转化。基本粒子的层子模型和夸克模型说明，"基本"粒子并不基本，它们由物质的更深层次——层子或夸克构成。现代科学对物质结构认识取得的新成就进一步证实，"物质是标志客观实在"的论断是科学的，物质的具体

层次是不可穷尽的，因此人们对物质结构及其特性的认识必定是无止境的。

2. 物质世界的永恒运动

（1）什么是运动

辩证唯物主义认为，世界不仅是物质的，而且物质世界是处在永恒运动和变化发展之中的，运动是物质的根本属性和存在方式。恩格斯说："运动，就最一般的意义来说，就它被理解为存在的方式、被理解为物质的固有属性来说，它包括宇宙中发生的一切变化和过程。"[1]

在这里，运动是标志事物、现象和过程的变化的哲学范畴。它包括宇宙间的一切变化和过程，从大的宇观天体到宏观物体，再到小的微观基本粒子。从自然界到人类社会，再到思维活动等，无一不处在永恒的运动之中。正如

---

[1] 《马克思恩格斯选集》第 4 卷，人民出版社 1995 年版，第 346 页。

恩格斯所说："从最小的东西到最大的东西，从沙粒到太阳，从原生物到人，都处在永恒的产生和消灭中，处于不断的流动中，处于无休止的运动和变化中。"① 因而运动同物质一样，具有最大的广泛性和普遍性，整个世界总是处在不断的运动之中。

俗话说"青山常在，绿水长流"。绿水的运动人们有目共睹，青山比如说举世闻名的喜马拉雅山应该是不运动、不变化的吧？

研究了地质资料会发现，喜马拉雅山恰恰是运动的产物，并且无时无刻不处在运动中。喜马拉雅山是由喜马拉雅海运动变化而来。在1.8亿年以前，现今的喜马拉雅山地区还是一片汪洋大海——喜马拉雅海，广阔的大海中游弋着喜马拉雅鱼龙。后来，地壳造山运动使喜马拉雅山升出水面，之后不断升高。即使是现在，喜马拉雅山仍在不断长高。

———————

① 《马克思恩格斯选集》第 3 卷，人民出版社 1972 年版，第 454 页。

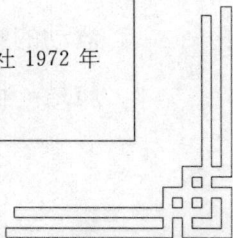

运动会上，各种比赛项目都是运动吧？汽车在公路上飞奔是运动吧？这些运动和辩证唯物主义哲学所讲的运动一样吗？

理解这个问题必须知道哲学所讲的"运动"范畴和日常生活中所讲的"运动"的关系。辩证唯物主义所讲的"运动"，是指"运动一般"，是具有极大的概括性和普遍性的范畴，是标志事物、现象和过程的变化的哲学范畴。哲学范畴的"运动"，表现为多种具体的运动形式：机械运动、物理运动、化学运动、生命运动、社会运动等形式。我们不能将哲学范畴的"运动"归结为某一种具体形式。运动会上的或跑或跳的运动、飞奔的汽车的运动都属于运动的具体形式。

（2）物质和运动不可分割

物质和运动是不可分割的，一方面，运动是物质的存在方式和根本属性，物质是运动着的物质，脱离运动的物质是不存在的，设想不运动的物质，将导致形而上学。另一方面，物质是一切运动变化和发展过程的实在基础和承担者，世界上没有离开物质的运动，任何形式的运动，都有它的物质主体，设想无物质的运动，将导致神秘论，陷入唯心主义。

（3）运动是绝对的，静止是相对的

什么是静止？

静止可以从三个方面来理解：第一方面，从局部看，物体在此时此地，在一定范围内，没有进行这种或那种的特定的运动，如机械运动；第二方面，从一定的参考系看，物体与物体之间的关系保持一定的平衡；第三方面，从事物本身的性质看，事物仍然保持着自身的性质，处于量变状态。

为什么要了解静止？了解和研究静止有什么意义？

第一，静止是运动的量度，不了解静止，也就无法了解运动，比如，运动会上测量赛跑运动员的跑步速度，必须先设定起跑线和终点线，这样才能在这两条相对静止的线之间进行测量。第二，不了解相对静止，就不能理解物质的多样性。第三，只有承认事物的相对静

止，才能区别事物，对事物进行确定的分析。我们生活中有多种多样的事物，正因为事物的相对静止，人们才能认识它们各自的特点和形式，将它们区分开来，从而利用它们。

运动和静止是什么关系？

物质世界的运动是绝对的，而物质在运动过程中又有某种暂时的静止，静止是相对的。静止是物质运动在一定条件下的稳定状态，包括空间位置和根本性质暂时未变这样两种运动的特殊状态。运动的绝对性体现了物质运动的变动性、无条件性，静止的相对性体现了物质运动的稳定性、有条件性。运动和静止相互依赖、相互渗透、相互包含，"动中有静、静中有动"。无条件的绝对运动和有条件的相对静止构成了事物的矛盾运动。只有把握了运动和静止的辩证关系，才能正确理解物质世界及其运动形式的多样性，才能理解认识和改造世界的可能性。

21世纪60年代，随着科技的发展出现了人造通信卫星——同步卫星。同步卫星在地球赤道上空约 36000 千米的高度的轨道上，由西向东环绕着地球运行。由于它的运行速度与地球的自转速度相同，因此我们在地面看它，它好像固定在天空的某个位置静止不动，所以得名"静止同步卫星"。其实它一直在不断运转，但由于速度与地球自转速度相同，相对于地面来说是静止的。因而，同步卫星恰恰体现了"动中有静、静中有动"，它是绝对运动中的相对静止。

绝对的运动与相对的静止构成了辩证唯物主义哲学完整的运动观。坚持绝对运动和相对静止相统一，必须反对两种错误的观点：一是否认绝对运动，把相对静止夸大成绝对静止的观点，这是形而上学的不变论；二是夸大绝对运动，否认相对静止的观点，这种观点会导致相对主义、诡辩论和不可知论。

3．时间和空间——运动着的物质的存在形式

辩证唯物主义对物质、运动的认识与对时间和空间的认识是相统一的。世界是物质的，

而构成世界的任何物质形态又都要经历一定的时间，占有一定的空间，因而时间和空间是运动着的物质的存在形式。

（1）时间和空间的概念及特点

时间是指物质运动的持续性、顺序性，特点是一维性，即不可逆性，一去不复返；正因为时间具有的这个特点，因而人们认为时间是人类最宝贵的财产，告诫自己要珍惜时间。

空间是指物质运动的广延性、伸张性，特点是三维性。广延性和伸张性，是指任何物质总有自身的体积和形状，并和它周围的物体存在着上下、前后、左右的位置关系。空间具有三维性的特点，即任何物体都有长、宽、高三度和上下、左右、前后的特定方位，因而现实中的空间都是三维空间。

现实中的空间都是三维空间，与科学研究中的"四维世界"是否相矛盾？

在科学研究中，有时也使用"四维世界"的概念，所谓"四维世界"是在长、宽、高的基础上加上时间，经常在描述宇宙天体和空中

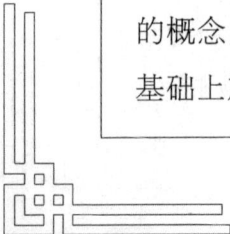

飞行物位置变化情况时使用，并非说现实空间是四维的。

物质运动总是在一定的时间和空间中进行的，没有离开物质运动的"纯粹"时间和空间，也没有离开时间和空间的物质运动。

(2) 时间和空间是无限性和有限性的统一

时空的无限性和有限性，是物质世界本身无限性与有限性的表现。一方面，物质世界是无限的，运动是永恒的，它必然通过时间和空间表现出来；承认了物质运动的无限性，也就承认了时空的无限性。另一方面，具体的物质形态又总是有生有灭，有体积和规模的大小的，因而作为具体的物质形态的时间和空间也必然是有限的。时空的无限性可从质和量两方面来理解：从质上说，随着物质运动形式和层次的变化，时间和空间的具体样式是无限的。从量上说，时间的一维性，空间的三维性都没有起点和终点，即无始无终，永无止境。时空的无限性和有限性是辩证的统一。首先，无限包含着有限，无限由有限构成；其次，有限也

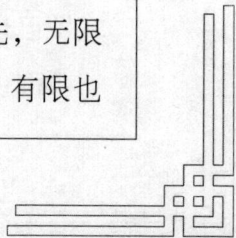

包含着无限，体现着无限。

具体物质形态的时空是有限的，而整个物质世界的时空是无限的；物质运动时间和空间的客观实在性是绝对的，物质运动时间和空间的具体特性是相对的。一切以时间、地点、条件为转移，具体问题具体分析，是马克思主义的活的灵魂。

（3）时间和空间是绝对性和相对性的统一

一方面，时间和空间作为物质的存在形式，它们的客观实在性是不变的、无条件的，因而是绝对的；另一方面，时间和空间的具体形态、具体特性是可变的、有条件的，因而是相对的。

2000 多年前，古希腊数学家欧几里得的几何学体系，其中的第五公设指出：在同一平面上，过已知直线外的一点，只能做一条直线与已知直线平行，并进一步证明三角形三个内角之和等于 180 度。19 世纪 30 年代，俄国数学家罗巴切夫斯基创立的非欧几何学指出，在同一平面上，过已知直线外的一点，至少可以做

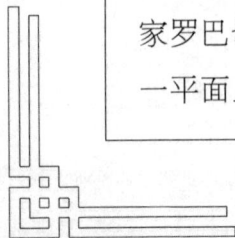

两条直线与已知直线平行，并进一步证明三角形三个内角之和小于 180 度。19 世纪 50 年代，德国数学家黎曼创立的非欧几何学指出，在同一平面上，过已知直线外的一点，不能做任何直线与已知直线平行，并进一步证明三角形三个内角之和大于 180 度。哪个才是正确的呢？实际上，实践证明欧几里得几何学和非欧几何学在它们所反映的空间范围内都是正确的。欧几里得几何学反映的是地面狭小范围内的空间特性；罗巴切夫斯基的非欧几何学反映的是宇宙空间的特性；黎曼的非欧几何学反映的是微观空间的特性。因此说具体事物的空间特性是可变的、相对的。

（二）社会生活的本质是实践

辩证唯物主义哲学认为自然界和人类社会都具有物质统一性。在人类社会生活中居于根

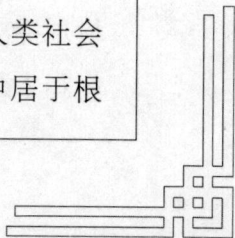

本地位的是实践，可以说社会生活的本质是实践。

1. 实践是人类能动地改造客观世界的物质活动——实践的概念、特征及基本形式

在哲学史上，实践的概念并不是马克思、恩格斯第一次使用的。古希腊哲学和德国古典哲学中都在不同意义上使用过实践概念并提出了一些有价值的见解。

古希腊哲学家苏格拉底就说过，"只要一息尚存，我永不停止哲学的实践"。亚里士多德认为，"实践是包括了完成目的在内的活动"。德国哲学家康德正式把"实践"概念引入哲学中，但他的"实践"没有脱离伦理实践的范围。德国哲学家费尔巴哈提出"理论所不能解决的那些疑难，实践会给你解决"。但是，费尔巴哈没有真正理解人的实践活动，认为实践不过就是吃喝、享用对象等。德国哲学家黑格尔提出了"实践理念"的概念，认为它是达到和实现"绝对理念"的一个必经的环节。但

是，黑格尔讲的实践不是指现实的人的活动，而是抽象的理念活动，这样就把实践限制在精神活动的范围。可以看出，在辩证唯物主义哲学产生之前，众多的哲学家们并没有对实践的本质、形式、地位和意义等问题做出科学的概括和规定。

辩证唯物主义哲学批判地吸收了以往哲学关于实践的合理思想，在概括科学发展和实践经验的基础上，对实践做出了科学的概括和规定。辩证唯物主义哲学认为实践是人们为满足某种需要而能动地探索和改造客观世界的社会性的客观物质活动。实践是人的存在方式，是人所独有对物质世界进行改造的对象性活动，集中表现了人的本质的社会性。

构成实践活动的要素包括实践的主体（人）、实践的客体（对象）和实践的手段（工具等），这三个方面相互作用形成人的客观物质性实践活动。

实践的基本特征有客观物质性、自觉能动性和社会历史性。

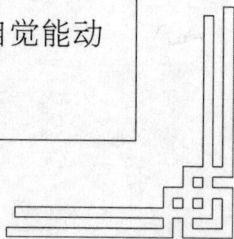

第一，客观物质性。客观物质性亦即直接现实性。实践是人类借助一定的物质手段，有意识有目的地改造客观世界以满足自身某种需要的现实物质活动，具有直接现实性。从构成实践活动的要素看，无论是实践的主体（人）、实践的客体（对象）还是实践的手段（工具等），都是可以感知的客观实在；从实践的结果来看，无论结果是否达到了预期的目的，实践给人们提供的现实成果，都是不以人的意志为转移而客观存在的；从实践的水平、广度、深度来看，都受着客观条件的制约和客观规律的支配。

第二，自觉能动性。所谓自觉性体现在人类的实践活动是有目的、有意识的活动。人们在进行实践活动之前就会考虑自己的行动目的，制订行动计划，选择行动方案和办法，与动物消极盲目的本能活动（如蜜蜂筑巢、蜘蛛结网等）有本质的区别。所谓能动性体现在人类运用在实践活动中所获得的认识成果去指导实践，去能动地改造世界，创造出客观世界原来所没有的东西，满足人们各方面的需要。

第三，社会历史性。所谓实践的社会性是说人的活动不是抽象的彼此孤立的个人的活动，而是在一定的社会关系中的现实的人的活动。但这并不是说，只有集体的、群众性的活动才是实践，而是说，即使以个人为主体的实践，虽然具有单个人的性质和特点，但是仍不能脱离一定的社会条件和社会关系进行。如一个农民独自在土地上耕耘着，进行着农业生产实践。表面上看，他是自己一个人的实践，但是他并不是孤立的个人。为什么呢？因为他生产用的工具、技能，生活用的衣食住行的资料都要依赖于社会。所谓实践的历史性是说人的实践活动，总是在一定历史阶段进行，无论是实践的主体、实践的客体、实践的手段，还是实践的目的、方式、结果，都要受具体历史条件的制约，并随着历史的发展而不断发展。

人类实践活动的具体形式是多种多样的。随着社会分工的进步，人类实践的具体形式越来越多样化、越来越复杂化。实践的基本形式

包括物质生产劳动实践、处理社会关系的实践和科学实验。

第一，物质生产劳动实践。物质生产劳动实践是人类最基本的实践活动，它是处理人和自然关系的活动，是人们创造并运用物质工具和手段，改造自然界以获取人们生存和发展所需要的物质生活资料，改善生活环境及条件的活动。之所以说物质生产劳动实践是人类最基本的实践活动，首先是因为它是人类生存和发展的基础，为了维持生存和发展，必须先取得吃穿住用所需的生活资料，就必须先进行物质生产活动。其次是因为人类的其他活动的产生和发展都是以物质生产活动为前提。

第二，处理社会关系的实践。处理社会关系的实践是处理社会内部人与人之间关系的活动。在生产劳动的基础上，人们形成了各种社会关系，这些社会关系需要管理、调整和变革，因此处理社会关系的活动，也是人们所必须进行的重要实践活动。例如人们所从事的政治活动、社会改革活动等，都属于这一类实践活动。在社会各种关系中，生产关系是最基本的关系，处理社会关系的实践首先是调整变革不适应生产力发展的生产关系和上层建筑的环节和方面。在阶级社会中，由于社会关系主要表现为阶级关系，因而处理社会关系的实践活动主要表现为阶级斗争。

第三，科学实验。科学实验是按照一定的研究目的，借助仪器设备，人为地控制或模拟自然现象和某些社会现象，通过观察和测试，探索其内部规律性的实践活动。它是从物质生产实践中分化出来的相对独立的一种尝试性、探索性、学习性的实践活动。它的产生和发展是受物质生产实践和处理社会关系实践制约的，并为物质生产实践和处理社会关系的实践服务。随着社会实践的发展，科学实验的作用越来越重要，许多生产中的问题离开科学实验是无法解决的。

2. 从实践出发理解社会生活的本质

从实践出发去理解社会生活的本质，是马

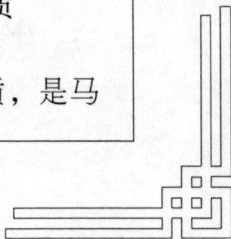

克思主义世界观的重要组成部分。为什么要从实践出发去理解社会生活的本质？这是因为，实践是人类社会存在和发展的前提和基础，一切社会现象只有在社会实践中才能找到最后的根源，才能得到最终的科学说明。因此，社会生活在本质上是实践的，理解社会生活就要从实践出发。

社会生活指什么？社会生活是对人们各种社会活动的总称。社会生活在本质上是实践的，主要体现为三个方面：第一，实践是形成社会关系的发源地。在人类实践过程中，形成了人与自然的关系、人与人的关系以及人与自身意识的关系，这些关系就构成基本的社会关系。第二，实践是形成社会生活基本领域的基础。社会生活的基本领域包括社会的物质生活、政治生活和精神生活领域。物质生产实践对于形成于其上的整个社会生活具有基础和决定的作用。第三，实践是推动社会发展的动力。社会在不断发展，推动社会发展的根本动力是物质生产实践。改造社会的实践推动着社会历史的变迁和进步。在阶级社会里，阶级斗争是社会发展的直接动力。

（三）意识的起源、本质及作用

在希腊帕尔纳斯山南坡上，有一个戴尔波伊神托所。在它的入口处的石头上刻着一句传说中的阿波罗神的神谕："认识你自己。"这句简短的话语昭示着人类在很久以前就开始思考和探索人类所特有的意识这种精神活动。意识还被人们誉为地球上"最美丽的花朵"。那么，意识是怎样产生的，它有什么特点和作用呢？

1. 意识的起源

辩证唯物主义认为意识不是从来就有的。意识是物质世界长期发展的产物，是社会的产物。

首先，意识是物质世界长期发展的产物。

意识的产生大体经历了三个有决定意义的发展阶段：第一，从无生命物质的反应特性到低等生物的刺激感应性；第二，从低等生物的刺激感应性到动物的感觉和心理；第三，从动物的心理到人的意识。

无生命物质的反应特性是指非生命的物质之间，由于相互作用而留下痕迹的特性，包括机械的、物理的和化学的反应。如水滴石穿、岩石风化、铁质生锈、水底印月等。无生命物质的反应特性是机械的、死板的、没有选择性的，它是通过改变自身的形态或转化成他物而表现的。

低等生物的刺激感应性是植物和低等动物所具有的反映特性。如阿米巴（变形虫）遇到藻类就把它吸入体内；含羞草遇到刺激就会合拢枝叶；郁金香感受温度开花等。低等生物的刺激感应性具有"方向性"和"感受性"，但是还不具有主动选择性。

动物的感觉和心理是动物发展了的反映形式。动物的感觉以相应的物质器官和神经系统为基础，对外界的直接刺激做出特定的反应。如：蝙蝠能通过反射折回的超声波辨别方向，蚯蚓通过触觉感知泥土的震动等。动物的感觉具有一定的主动性、选择性。动物的心理是以动物的中枢神经系统和大脑作为基础，在大脑中把各感官所获得的感觉联系起来，形成一个对客观环境的统一的反映。动物的心理除了表现为感觉、知觉、表象之外，还表现为简单的动机和情绪。如：家犬对主人温顺、忠诚，猩猩用手语交流，海豚的救死扶伤等。动物的心理具有一定的分析和综合的能力。

人的意识产生是一次质的飞跃，它具有和动物心理根本不同的基本特点。

第一，人的意识是以复杂的人脑作为生理基础，有复杂的语言作为信息传递的工具，可以进行抽象的理性思维。

第二，人的意识具有自觉的能动性，人类反映客观世界是因为改造世界的实践需要，而且能够探寻到事物的内在规律和本质，具有深刻性和预见性。

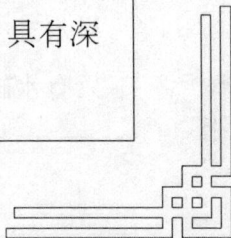

第三，人的意识是由人所处的社会存在决定的，是在与其他人的交往过程中产生的，不像动物心理是由自然条件决定的。

总之，动物没有意识，只有人才有意识。人类的意识是物质世界长期高度发展的产物。

曾经有个著名的猿猴救火实验，证明人的意识和动物的感觉心理的差异。

实验名称：猿猴救火。

实验过程：实验者将黑猩猩爱吃的食物放在一个敞开门的笼子里，门口燃着一堆火。实验员向黑猩猩演示从旁边盛水的水缸中取水灭火，尽管黑猩猩有怕火的本能，但它还是很快学会了用水灭火，从而取到火后面的食物。可是当实验员将放有食物的笼子移到一个池塘中的小平台上，而盛水的缸放在相隔较远的另一个平台上时，黑猩猩为了取得食物，不顾"千辛万苦"，搭起竹竿，爬到放水缸的平台从缸中取水，然后再爬回来到笼子门口去灭火。如果水缸中无水，它就没有办法。在它看来好像只有水缸中的水才能救火，而平台四周伸手可及的水则不能救火。

实验结论：实验表明，黑猩猩头脑中并没有形成"水"的概念，也没有认识到水能灭火的关系，它的救火行为仅仅是对人的行为的模仿。

其次，意识是社会的产物。马克思和恩格斯指出："意识一开始就是社会的产物，而且只要人们还存在着，它就仍然是这种产物。"①

第一，劳动使意识的主体——人成为社会的人。在一定意义上说，劳动创造了人本身。可以说从根本上讲人与动物的根本区别是劳动。动物为了生存去适应环境，而人为了生存和发展不是单纯地适应环境、等待大自然的恩赐，而是用自己制造的工具去改造环境，使周围环境变得适合自己的需要。生产劳动就是改变环境的基本手段和基本实践活动。改变环境首先必须认识环境及其规律，由此产生了人的

① 《马克思恩格斯选集》第1卷，人民出版社1972年版，第35页。

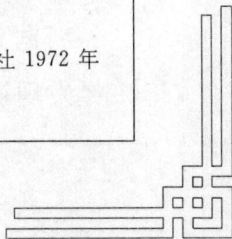

意识。

第二，劳动使意识的工具——语言得以产生和发展。在劳动过程中，劳动者之间需要协同合作，需要交往和交流，如胜利时要表达喜悦的心情，危险时要发出求救的信号等，人类的这些非说不可的需要推动了语言产生和发展。而语言的产生，使人类获得了交流思想的工具，由此又推动了人类意识的发展。

第三，劳动使意识的物质器官——人脑不断完善。劳动和语言推动人脑容量的日益增大和结构的日益完善，因而也推动了人类思维能力的提高和意识内容的丰富与发展。

意识是社会的产物，不仅在人的意识的形成初期是这样，对于现代文明人来说，意识仍然是社会的产物。人如果脱离了社会，人脑便不能完善，便不能形成正常的思维能力，不能形成人的意识。

讲个狼孩的故事。

据文献记载，自 18 世纪以来，世界上已经发现被野兽抚养大的小孩有 30 多个，其中有羊孩、猪孩，还有熊孩、豹孩，但是发现最多的还是由狼养大的狼孩。据 1871 年的统计，仅印度的英国占领地一年就有 5000～6000 个孩子被狼叼去，其中的幸存者就成了狼孩。在印度狼孩中最有名的就是 1930 年 9 月在加尔各答西面约 1000 千米的丛林中，发现的两个女孩卡玛拉（8 岁）和阿玛拉（1 岁半）。据推测，她们俩是在半岁左右被狼叼走的，不知何故狼非但没有吃她俩，反而把她俩喂养起来。救回来后，这两个孩子的行为完全和狼一样，白天睡觉，晚上嚎叫，不会说话，只会像狼那样嚎叫和发声；爬着走路，用手抓食，惧怕人类，一旦有人接近便露出牙齿作防卫状态，而对于猫、狗等动物并不惧怕，似乎还有一种亲近感。总之，她俩没有人的社会行为和意识。经过了 4 年的训练，卡玛拉只能听懂几句简单的话，仅学会了 6 个词。17 岁那年，智力只相当于 4 岁的小孩。凡此种种都说明了一个深刻的道理：人有了健全的大脑、正常的机体，还只是心理发展和产生意识的前提，如果离开了

正常的社会生活环境，缺少人的交往，心理仍然不能得到正常的发展，人的意识之花便不能放出应有的光彩。

2. 意识的本质

意识的本质在于：意识是人脑的机能，是人脑对客观外界的反映。

首先，意识是人脑的机能。人脑由两个半球组成，中间由胼胝体等神经束连合。两个半球对人体运动和感觉的管理是交叉的，左半球具有语言、抽象思维、数学计算和形成概念的能力，右半球具有图像感觉、几何空间作用、音乐感知等形象思维的能力。人的大脑是由100亿～150亿个神经元组成的复杂网络，具有复杂的"等级式"的结构。简单的分析、综合和调节行为的职能，是由神经中枢的低级部分——脊髓、延髓、中脑和间脑执行，最复杂的心理和意识活动由大脑执行。

现代脑电科学证明人脑是意识活动的物质器官。脑是通过传递生物电、处理信息流来进行意识活动的。当外界事物刺激人的感官时，感官便立即断续放出生物电，把外界事物的形状和强度通过有规律的电磁波频率传至大脑皮层的中枢；外界事物的各种颜色，则通过脑电频率的时间差或传递速度，传至大脑皮层的中枢。大脑皮层的各个中枢，则把千差万别和千变万化的脑电图形综合出和外界事物相似的图形和颜色来。信息传递的方式，不仅有电的，而且有化学的。神经细胞所产生的并沿着"轴突"传递的是电脉冲，而信息在神经细胞间传递则靠传递信息的化学物质或分子。通常，一个神经细胞，既能接受几百或几千个神经细胞传来的信息，又能把这些信息转送给其他几百或几千个神经细胞。当大脑处在兴奋或抑制状态下，除脑电波发生变化外，脑内某些蛋白质以及氨基酸的成分也同时发生相应的变化，并对神经的兴奋和抑制起调节作用。

由此可见，意识是人脑的机能。如果人脑的机能出现问题，那么意识活动就会受到影响。

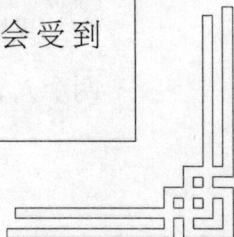

　　美国加利福尼亚理工学院的生理学教授斯佩里博士研究过一位裂脑人。这位裂脑人是美国一位 48 岁的老兵约翰。在第二次世界大战的时候，因头部受伤成了严重的癫痫病人（羊癫风）。在无可奈何之中，医生为他切断了联系在大脑两半球的桥梁——胼胝体。这么一来，他的癫痫发作停止了，然而精神活动却好像不正常了。斯佩里博士给约翰做了一系列测试。他先用说话让约翰举手或屈膝，结果，约翰的右侧身体服从了命令，而左侧身体却不听指挥，丝毫没有反应。约翰的双眼被蒙上，这时如果用手接触他身体左侧的任何部分，他都说不出被接触的部位。斯佩里博士将一张年轻女人照片的左半部和一张小孩照片的右半部，拼成一张照片，然后采用一种特殊的方法，使这张照片的左半部正好置于约翰的左半视野，右半部置于他的右半视野。斯佩里博士要他指出看见了什么，结果，他手指年轻女人，但口中却果断地说："一个小孩！"一个人仿佛成了两个人，左手和右手发生了矛盾，身体的左侧和右侧各行其是了；意识也发生了分裂，在一个人身上好像出现了完全不同的两种思想、两种精神、两个独立的"意识"。

斯佩里博士关于裂脑人的研究表明，人的意识是同大脑两半球的不同功能有关的。大脑两半球担负着不同的意识活动职责。正常的意识活动有赖于大脑两半球的密切联系和统一协调。意识是人脑的机能在这里再次得到了证明。由于斯佩里成功地揭示了大脑两半球的秘密而获得了 1981 年诺贝尔奖金，从而扬名天下。

其次，意识是客观存在的主观映象。

一方面，意识的内容是客观的。人脑虽然是意识产生的物质器官，但意识不是人脑中固有的或自生的，它是人对客观物质世界的反映。人脑好比一个加工厂，制造产品的原材料和半成品来自客观世界。人只有在实践中同外部客观世界打交道，使人的大脑同外界发生联系，收集到各种信息和材料，经过加工制作，才会在头脑中形成关于它们的意识。

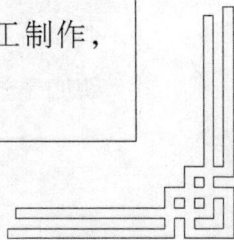

正确的、科学的认识是对客观世界的反映，错误的甚至荒唐的意识也是对客观世界的反映。鲁迅在其《且介亭杂文二集》中说得好："天才们无论怎样说大话，归根结蒂，还不能凭空创造。描神画鬼，毫无对证，本可以专靠了神思，所谓'天马行空'似的挥写了，然而他们写出来的，也不过是三只眼、长颈子，就是在常见的人体上，增加了眼睛一只，增长了颈子二、三尺而已。"可见，妖魔鬼怪也好、神仙诸神也好，他们的形象不过是对人和动物形象的奇特化、美化或丑化而已，中国的神像是中国人的模样，外国的神像是外国人的模样，这说明是人按照自己的形象造了神。一切意识现象都是客观世界的反映，意识的内容是客观的，离开了被反映的客观世界就没有反映。

另一方面，意识的形式是主观的。意识的内容是客观的，但意识并非客观世界本身，也不是客观事物直接进入意识，而是经过主观能动加工过的关于客观世界的形象、本质和关系等，即对客观世界的主观反映。客观存在转化成人的意识经过两类基本形式：感性形式和理性形式。无论是感性形式包括的感觉、知觉和表象，还是理性形式包括的概念、判断和推理，都是意识的主观形式。

总之，意识是主观形式与客观内容的统一。

3. 意识的能动作用

辩证唯物主义坚持物质决定意识，意识依赖于物质，但是同时，又强调意识对物质有能动作用。

几千年的人类历史，创造了令人自身都赞叹不已的世界文明。从洪荒之世到现代科技革命，从蔡伦的造纸术到飞船遨游太空，无不打上人的意识的印记，无不凝聚着人类的智慧和创造精神，无不体现着人类意识的主观能动作用。

意识的能动作用是指意识能够能动地反映客观事物，能动地改造世界的能力和作用。

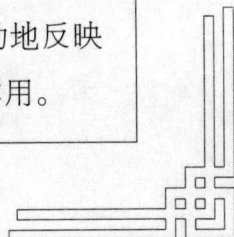

　　意识的能动作用主要表现在：

　　第一，意识活动具有目的性和计划性。所谓的目的性是指人在反映客观世界时，要根据自身实践的需要，带着一定的目的、要求去确定反映什么、不反映什么、怎样反映。所谓的计划性是指在意识活动进行前，人为了实现自己的目标预先计划规定了活动的方式和步骤等。

　　第二，意识活动具有主动创造性。所谓的主动创造性是指人的意识反映客观世界不是一般地模仿，而是能动地创造。意识不仅能够有对当前的反映，也有对过去的追溯和对未来的预测，可以超越特定时空的限制，创造一个理想的或幻想的世界。

　　第三，意识具有改造客观世界的作用。意识能动性不只表现在从实践中形成正确的思想，形成活动的目的、计划、方法等观念的东西，更重要的表现在以这些思想、观念的东西为指导，通过实践把观念的东西变为客观现实。正如列宁所说："世界不会满足人，人决心以自己的行动来改变世界。"

第四，意识具有自身发展的前进性。所谓的前进性是指意识能动性自身不会永远停留在一个水平上，它是不断前进的。随着实践的发展，人的意识也会不断摆脱对客观事物及其规律的知之不多或知之不全的状态，实现丰富和发展，使意识的能动性提高到新的阶段。

第五，意识具有对人体的生理活动的调节和控制作用。现代科学和医学实验证明：意识、心理因素对人的健康状况有重要影响。那么就可以通过调节和控制人的意识活动、心理活动来抵制和清除某些躯体的和精神的疾病，从而保持健康状态。

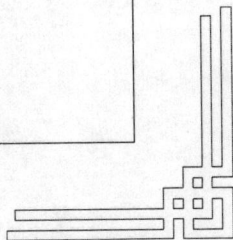

三、解开世界发展之谜的金钥匙

——唯物辩证法

美丽的世界图景是物质的，那么物质世界会不会不断发展呢？如果物质世界将不断发展，那么它的发展动力是什么，它的发展形式是什么，它的发展道路是怎样的？这一系列的问题使我们就像是置身于迷宫之中，如何走出这座迷宫？要走出这座迷宫，我们必须找到一把金钥匙，这把金钥匙就是——唯物辩证法。

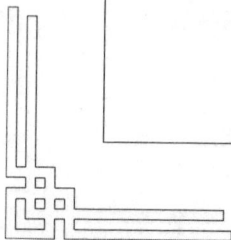

（一）走进辩证法的发展历史

人们认识辩证法，并在理论上把它揭示出来，经历了一个长期的过程。这个过程，大体上分为三个历史阶段：朴素辩证法、唯心辩证法和唯物辩证法。下面逐一来介绍一下：

第一阶段，朴素辩证法。朴素辩证法也被称为自发辩证法，是辩证法思想发展的最初形态，产生于古代奴隶社会。在古代奴隶社会的许多国家，如埃及、巴比伦、中国、印度和希腊等国，许多思想家提出了闪光的有价值的辩证法思想，并使辩证法思想得以丰富和发展。

朴素辩证法以古希腊哲学家赫拉克利特为著名代表。列宁认为，赫拉克利特是辩证法的奠基人之一。唯心辩证法大师黑格尔在谈到赫拉克利特的辩证法时说："这里我们发现了新大陆，没有一个赫拉克利特的论点不被我采纳

到我的逻辑学中。"

赫拉克利特，是当时代表奴隶主利益的进步思想家。他从直观出发，把世界比作一团"活火"，说它按一定规律燃烧着，按一定规律熄灭着。他提出了"万物皆流，无物常住"的著名观点，认为世界上万事万物，就像奔腾不息的河水那样，都在不断地运动和变化，不断地产生和消灭。因此，他断言："人不能两次踏进同一条河流。"意思是说，河水是不停地流动变化的，这一次踏入这条河流是这样的流水，下一次踏入这一条河流时，遇到的已经是新的流水了。

那么，万物为什么会流动变化呢？赫拉克利特认为，这是由于事物内部存在着矛盾，存在着对立面的统一和斗争。他指出，任何事物都包含着相互依存和相互转化的两个对立面，如生和死，梦和醒，老和少，冷和热，干和湿，好和坏，白天和黑夜，疾病和健康等。对立双方是相互统一的，又是相互斗争的。正是对立面的既统一又斗争推动着事物的变化和发展。他特别强调对立面斗争在事物发展中的作用。他说："互相排斥的东西结合在一起，不同的音调造成最美的和谐，一切都是斗争所产生的。"另外，中国古代思想家也有关于辩证法的丰富思想，如老子曾说："有无相生，难易相成，长短相形，高下相倾，音声相和，前后相随。""五行说"以五行之间的"相生相克"的关系来说明世界的联系和发展。

古代朴素辩证法思想，有两个突出的先进性的特点：一是认为世界的任何事物都处于运动、变化和发展之中，永恒存在、一成不变的事物是没有的；二是看到了事物矛盾的两个方面，并把对立双方的统一和斗争看作事物发展的动力。但是，朴素辩证法毕竟是辩证法思想发展的最初阶段，它不是建立在科学的基础上，它对世界的描述是笼统的、概括的、粗略的、没有科学依据的。正如毛泽东所说，古代的辩证法带着自发的朴素的性质，根据当时的社会历史条件，还不可能有完备的理论，因而不能完全解释宇宙，后来被形而上学所代替。

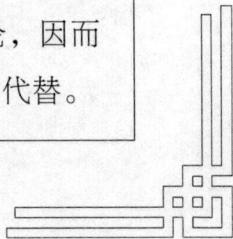

　　第二阶段，唯心辩证法。唯心辩证法产生在 19 世纪初的德国。

　　唯心辩证法的主要代表人物是黑格尔。他是德国古典唯心主义的最大代表，也是德国唯心辩证法的集大成者。黑格尔被称为全面地论述辩证法的第一个人。黑格尔的辩证法思想，主要是内在的联系和矛盾发展的思想。首先，关于内在联系的观点：黑格尔曾讲过一朵花的例子，说花具有多种多样的性质，如香味、形状、颜色等。但是，在一朵花里，这些性质彼此间是内在地必然地联系着的。其次，关于矛盾发展的观点：黑格尔认为内在的矛盾是宇宙间万事万物发展变化的源泉，生命现象本身就包含着生和死的矛盾。再次，关于质量互变的观点。在黑格尔看来，发展不仅仅是量变，也是质变。在一定限度内，量变不会影响事物的性质。可是，如果超过一定限度，一种质就会转变成另一种质。最后，关于否定之否定规律的观点：他认为，一切肯定都是否定，任何事物的存在和发展都有肯定和否定、正面和反面这两个相互对立的方面，两者总是不可分离地联系在一起的。此外，黑格尔还用矛盾观点具体考察了一系列辩证法范畴，他探讨了这些范畴间的辩证统一的关系。

黑格尔对辩证法思想的发展做出了重要的贡献。正如马克思所说，黑格尔的辩证法是一切辩证法的基本形式，辩证法的真正规律在黑格尔那里已经有了。黑格尔的辩证法思想，是后来马克思创立的唯物辩证法的直接理论来源。同时，黑格尔的辩证法是神秘的、头足倒置的、不彻底的辩证法。所谓神秘的、头足倒置的，是因为黑格尔讲的发展变化不是指客观事物，而是指"绝对观念"，即所谓"客观思想"，这就完全颠倒了物质和精神的关系，成为头着地、脚朝天的颠倒哲学；所谓不彻底的，是因为黑格尔认为发展有顶峰，矛盾最终会调和。因而，黑格尔的唯心辩证法是不科学的。

第三阶段，唯物辩证法。唯物辩证法是辩证法思想发展的高级形态。它产生于在 19 世

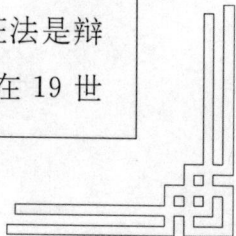

纪 40 年代，是由马克思和恩格斯创立的。

马克思和恩格斯批判地继承了黑格尔哲学中辩证法的"合理内核"，把辩证法和唯物论有机地统一起来，从而创立了唯物辩证法，找到了揭开世界发展之谜的"金钥匙"。唯物辩证法克服了古代朴素辩证法的直观猜测，也克服了唯心辩证法的头足倒置、不彻底性，是建立在科学基础上，与唯物论有机结合的彻底的辩证法，所以说唯物辩证法的创立是人类认识史上的重大革命。随着社会实践的发展变化，马克思主义者们对唯物辩证法进行了继承和丰富、发展。如列宁全面考察了辩证法，在新的历史条件下，总结革命实践经验，明确提出了对立统一规律是唯物辩证法的实质和核心的著名论断，并以对立统一规律为核心阐明了两种发展观，从而把唯物辩证法推进到新的阶段。毛泽东在领导中国革命的实践中，也丰富和发展了唯物辩证法。在《矛盾论》中，他系统地、深刻地阐述了对立统一规律。在其他论著中，他不仅论证了对立统一规律是唯物辩证法的最根本的规律，而且揭示了对立统一规律和辩证法其他规律、范畴的内在联系。

（二）唯物辩证法的特征

1. 物质世界的普遍联系

恩格斯曾指出："当我们深思熟虑地考察自然界或人类历史或我们自己的精神活动的时候，首先呈现在我们眼前的，是一幅由种种联系和相互作用无穷无尽地交织起来的画面。"普遍联系是唯物辩证法的第一个总特征。

（1）什么是普遍联系

辩证唯物主义哲学认为，作为一个普遍的哲学范畴，联系是指事物内部各要素之间和事物之间相互影响、相互制约和相互作用的关系。

普遍联系的观点有两重含义：其一，世界

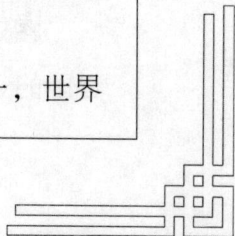

上一切事物、现象、过程都不能孤立地存在，都与周围的事物、现象、过程相联系着，整个世界是相互联系的统一整体；其二，任何事物、现象、过程内部的各个部分、要素和环节是相互联系着，相互作用着。

（2）联系的几个特点

联系具有客观性、普遍性、多样性和条件性的特点

第一，联系具有客观性。联系的客观性是指，事物的联系是事物本身所固有的，是不以人的主观意志为转移的。唯物辩证法的联系范畴是对客观事物本身固有联系的科学反映。世界上没有孤立存在的事物，每一种事物都是和其他事物联系着而存在的。坚持联系的客观性，就是在联系的观点上坚持了唯物论。坚持联系的客观性，我们就要实事求是地揭示事物本身固有联系，绝对不能用主观臆想的联系代替客观事物本身的联系。

唇亡齿寒，讲的就是这个道理。春秋时，晋国的邻近有虢、虞两个小国。晋国想举兵攻

打虢国，但要打虢国，晋国大军必须经过虞国。晋献公于是用美玉和名马作礼物，送给虞国国君虞公，请求借道让晋军攻打虢国。虞国大夫宫之奇谏劝虞公不要答应，但虞公贪图美玉和名马，还是答应给晋献公借道。宫之奇劝谏虞公说："虢国是虞国的依靠呀！虢国和虞国两国就好像嘴唇和牙齿一样，嘴唇没有了，牙齿岂能自保？一旦晋国灭掉虢国，虞国一定会跟着被灭亡。这'唇亡齿寒'的道理，您怎么就不明白？请您千万不要借道让晋军征伐虢国。"虞公不听谏劝。宫之奇见无法说服虞公，只得带着全家老小，逃到了别国。这样，晋献公轻而易举地灭掉了虢国。晋军得胜归来，借口整顿兵马，驻扎在虞国，然后发动突然袭击，一下子又灭掉了虞国。这则故事告诉我们，事物双方有密切的联系，无论你承不承认，这联系都是客观存在着，不以人们的主观意志为转移。

第二，联系具有普遍性。事物联系的普遍性是指任何事物内部的不同部分和要素是相互

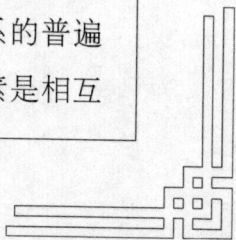

联系的，任何事物都不能孤立存在，都同其他事物处于一定的相互联系之中，整个世界是相互联系的统一整体。例如，"鱼儿离不开水，瓜儿离不开秧"，"唇亡齿寒"等，都体现了事物之间的联系。

人类的实践经验和科学发展证明：从自然界到人类社会，从无机界到有机界，从宏观世界到微观世界，任何事物都处在普遍联系、交互作用中，不存在完全孤立的东西。整个世界是一个相互联系、相互作用的统一整体，任何事物都是统一的联系之网上的一个网结，并通过这个联系之网体现出联系的普遍性。

举个例子：

罗伯特·西奥迪尼是美国著名的心理学家，是亚利桑那州立大学的心理学教授。

有一天，他在纽约结束了一天的工作之后，乘地铁去时代广场。当时正值下班乘车的高峰期，人流像往常一样沿着台阶蜂拥而下直奔站台。

突然，罗伯特·西奥迪尼看到一个衣衫褴

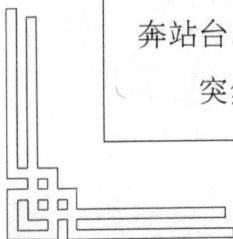

褛的男子躺在台阶中间，闭着眼睛，一动不动。

赶地铁的人们都像没看到这个男子一样，匆匆从他身边走过，个别的甚至是从他身上跨过，急着乘坐地铁回家。

看到这一情景，罗伯特·西奥迪尼感到非常震惊。于是，他停了下来，想看看到底发生了什么。就在他停下来的时候，耐人寻味的转变出现了：一些人也陆续跟着停了下来。

很快，这个男子身边聚集了一小圈关心的人，人们的同情心一下子蔓延开来。有个男人去给他买了食物，有位女士匆匆给他买来了水，还有一个人通知了地铁巡逻员，这个巡逻员又打电话叫来了救护车。几分钟后，这个男子苏醒了，一边吃着食物，一边等待着救护车的到来。

人们渐渐了解到，这个衣衫褴褛的男子只会说西班牙语，且身无分文，已经饿着肚子在曼哈顿的大街上流浪了好几天。他是因为饥饿而昏倒在地铁站的台阶上的。

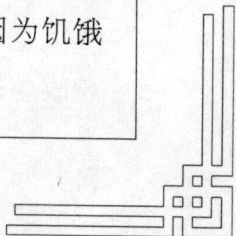

为什么起初人们会对这个衣衫褴褛的男子熟视无睹、漠不关心呢？

罗伯特·西奥迪尼认为，其中的一个重要原因是：在熙熙攘攘、匆匆忙忙的人流中，人们往往会陷入完全自我状态，在忽视无关信息的同时，也忽视了周围需要帮助的人。这就像一位诗人说的那样，我们"走在嘈杂的大街上，眼睛却看不见，耳朵却听不见"。在社会学中，这种现象被称为"都市恍惚症"。

为什么后来人们对这个衣衫褴褛的男子的态度会有了较大的改变呢？

罗伯特·西奥迪尼认为，其中一个最重要的原因是：因为有一个人的关注，致使情况发生了变化。当时，自己停下来，仅仅是要看一下那个处于困境的男子而已。路人却因此从"都市恍惚症"中清醒过来，从而也注意到了这个男子需要帮助。在注意到他的困境后，大家开始用实际行动来帮助他。

一个人改变了，身边的一些人就可能会跟着改变；身边的一些人改变了，很多人才可能

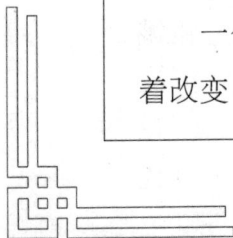

会跟着改变；很多人改变了，世界就可能会改变……

这个故事启示我们：事物与事物之间普遍存在着联系。

第三，联系具有多样性。世界上的事物是复杂的、多样的，因而事物的联系也是复杂的、多样的。平时人们所说的"错综复杂"、"千丝万缕"、"纵横交错"等，就是指事物联系的复杂多样。不同的联系对事物存在和发展所起作用是不一样的，我们按照在事物存在和发展中的不同地位和作用，把事物联系分为多种方式。其中主要方式有：直接联系与间接联系，内部联系与外部联系，本质联系与非本质联系，必然联系与偶然联系等。在这里我们主要来了解直接联系与间接联系，另外几种方式的联系在唯物辩证法诸范畴中再讲解。直接联系与间接联系是事物联系的最普遍形式，直接联系是指事物之间不需要中间环节而发生相互依赖、相互影响、相互作用的联系；间接联系是指事物之间需要中间环节而发生相互依赖、

相互影响、相互作用的联系。例如，保护森林不被乱砍乱伐和防治水土流失之间就是直接联系；保护森林不被乱砍乱伐和庄稼丰收之间就是间接联系。

例如，从前有个地方，城门下面有个池塘，一群鱼儿在里边快乐地游着。突然，城门着了火，一条鱼儿看见了大叫说："不好了，城门失火了，快跑吧！"但是其他鱼儿都不以为然，认为城门失火，离池塘很远，用不着大惊小怪。除了那条鱼儿逃走了之外，其他鱼都没有逃走。这时，人们拿着装水的东西来池塘取水救火。过一会，火被扑灭了，而池塘的水也被取干了，满池的鱼都遭了殃。这个故事告诉我们：火—水—鱼是有联系的，池塘的水能灭城门的火，这是直接联系，鱼儿与城门失火则是间接联系，它是通过池水这个中间环节而发生联系的，比喻无端受祸。

第四，联系的条件性。所谓条件是指同某种事物相联系的、对它的存在和发展发生作用的诸要素的总和。任何事物的存在和发展有条

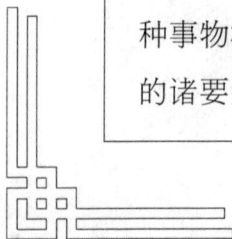

件的，都是在一定条件下才能产生、存在和发展，在一定条件下才能死亡。对事物的产生、存在和发展来说，条件是十分重要的。例如，"大鱼吃小鱼，小鱼吃虾米，虾米啃泥沙"，大鱼、小鱼、虾米和泥沙之间有密切联系，它们的联系以水的存在为条件，如果没有了水这个条件，事物联系也就不存在了。

条件是具体的、多样的。根据条件对事物的存在和发展所起作用的不同，条件可以分为内部条件和外部条件、有利条件和不利条件、主观条件和客观条件等。那么，我们在想问题、做事情时，都要充分考虑到不同条件的作用。例如，学生在报考大学、选择专业时，就既要充分考虑自身客观的学习成绩，又要充分考虑自己主观的兴趣爱好。条件是可以改变的，只要通过主观努力，我们可以将不利条件转变成为有利条件，可以创造出某些需要而原先不具备的条件。

马克思主义关于事物普遍联系的原理，要求人们要善于分析事物的具体联系。

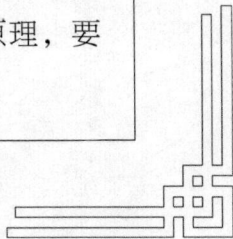

2. 物质世界的永恒发展

事物之间或构成事物的各要素之间相互联系、相互依赖、相互影响，亦即相互作用，而相互作用必然导致事物的运动、变化和发展。事物之间相互作用的结果，使事物原有的状态和性质发生程度不同的变化。例如，地球和太阳的相互作用构成地球绕太阳的运动，并引起地球上事物和现象的变化，四季更迭就是由此引起的。一定形式的运动都意味着一定的变化：最简单的机械运动会引起物体位置的变化，物理运动是物质分子状态的变化，化学运动是物质化学成分及其结构的变化，生物运动是生物机体的变化，社会运动会引起社会有机体的变化等。

说到事物都是变化发展的，我们来看《吕氏春秋》中记载的一个故事——《荆人循表》，讲的是：楚国和宋国作战，楚国打算偷渡河，袭击宋国。于是派人去测量水，把可以渡河的浅水地方记下来，准备晚上从那里涉水过去。

但到了晚上，河突然涨水，但楚军不注意情况的变化，仍按原计划涉水过河。结果淹死1000多人，士兵们惊慌失措，乱作一团，结果打了败仗。楚国失败的原因就是不了解河水有涨落的变化。同样，在我们的生活中，如果取得点成绩就沾沾自喜、骄傲自满、不再继续努力，这样就会由进步变为落后；如果遇到挫折和失败就灰心丧气，悲观懊恼，而不去吸取教训，努力奋进，那么就会陷在失败的泥沼里，难以自拔。因此，为了使我们的各项事业顺利发展，取得成功，就必须坚持事物是变化和发展的观点。

唯物辩证法理解的发展是前进的上升的运动，发展的实质是新事物的产生和旧事物的灭亡。新事物是指合乎历史前进方向、具有强大生命力和远大前途的事物；旧事物是指丧失存在必然性、日趋灭亡的事物。新生事物是不可战胜的，因为：第一，就新生事物与环境的关系而言，新事物之所以新，是因为有新的结构和功能，它适应已经变化了的环境和条件；旧

事物之所以旧，是因为它的各种要素和功能已不适应环境和客观条件的变化，走向灭亡就成为不可避免的。第二，就新事物与旧事物的关系而言，新事物是在旧事物的"母体"中孕育成熟的，它既否定了旧事物中消极腐朽的东西，又保留了旧事物中合理的、仍然适合新的条件的因素，并添加了旧事物所不能容纳的新内容。第三，在社会领域内，新事物从根本上符合人民群众的利益、愿望和要求，能够得到人民群众的拥护，能够得到绝大多数人的支持，因而必然战胜旧事物。

事物的发展是一个过程。一切事物，只有经过一定的过程，才能实现自身的发展。自然界、人类社会和思维领域中的一切现象都是作为一个过程而向前发展的。现代科学凭借科学仪器所能观察到的一切事物，都有自己兴衰变化的过程。人类社会的发展也是一个过程。从原始社会发展到奴隶社会，再从奴隶社会发展到封建社会、资本主义社会，有的国家已进入社会主义社会，表现出人类社会发展过程的总趋势。

（三）唯物辩证法的三大规律

1. 对立统一规律——事物发展的动力和源泉

（1）对立统一规律是唯物辩证法的实质与核心

为什么对立统一规律是唯物辩证法体系的实质和核心呢？这是因为：第一，对立统一规律揭示了事物普遍联系的根本内容和永恒发展的内在动力，从根本上回答了事物为什么会发展的问题。第二，对立统一规律是贯穿质量互变规律、否定之否定规律以及唯物辩证法基本范畴的中心线索，也是理解这些规律和范畴的"钥匙"。第三，对立统一规律提供了人们认识世界和改造世界的根本方法——矛盾分析法。

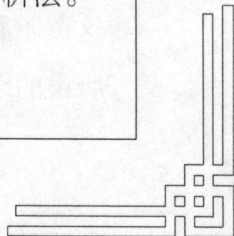

（2）矛盾的同一性和矛盾的斗争性及其在事物发展中的作用

①什么是矛盾？

对立统一规律也称作矛盾规律。学习矛盾规律，我们首先要理解什么是唯物辩证法所讲的矛盾，它与我国古代思想家韩非子所讲的"自相矛盾"中的矛盾是不是一回事？

"自相矛盾"的故事讲的是：有一个卖矛和盾的人，他举起盾，向人叫卖说："我的盾呀，最坚硬不过了，无论怎样锋利的矛，也戳不穿它！"说完，又举起他的矛，夸口说："我的矛呀，最锋利不过了，无论怎样坚硬的盾，一碰上，就能戳进去！"站在旁边的人听了，暗暗地发笑，便问他："那么，用你的矛来戳你的盾，结果怎样呢？"一听这话，卖矛和盾的人只好哑口无言了。显然，这里所说的"自相矛盾"，是指说话前后不一，互相冲突的意思，用句俗话来说，叫作自己打自己的嘴巴，这个矛盾是形式逻辑的矛盾，它同唯物辩证法所讲的矛盾并不是一回事。

唯物辩证法所讲的矛盾，是反映事物内部或事物之间对立和统一关系的哲学范畴。简而言之，矛盾就是对立面的统一和斗争。

②矛盾的基本属性有哪些？

矛盾的基本属性指的是矛盾的同一性和斗争性。

矛盾的同一性又称统一性、一致性，是指矛盾双方相互依存、相互贯通的性质和趋势。它有两个方面的含义：第一，矛盾着的对立面双方相互依存、互为存在的前提，并共处于一个统一体中。也就是说，矛盾着的双方，一方存在和发展了，矛盾的另一方才能存在和发展。假如没有了对立的一方，那么自己一方也就失去了存在和发展的条件。例如，没有上就没有下，没有先就没有后，没有真理就没有谬误，有压迫就有反抗，有枪弹就有防弹衣，有电脑病毒就有杀毒软件。第二，矛盾着的对立面之间相互贯通，在一定条件下相互转化。矛盾着的每一方都包含和渗透着对方的因素和特点，就是俗语所说，你中有我，我中有你，此

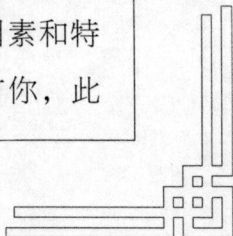

中有彼，彼中有此。例如，在化学反应中，化合可以转化为分解，分解也可以转化为化合。在生物学中，生可以转化为死，死也可以转化为生。在社会现象中，战争可以转化为和平，和平也可以转化为战争。在实际工作中，成功可以转化为失败，失败也可以转化为成功。困难可以转化为顺利，顺利也可以转化为困难。坏事可以转化为好事，好事也可以转化为坏事，正如老子所说："祸兮福之所倚，福兮祸之所伏。"我们通常所说"整旧翻新"、"推陈出新"、"积少成多"、"变废为宝"、"失败是成功之母"等，是讲新与旧、少与多、废与宝、失败与成功等矛盾着的对立面，在一定条件之下，都是可以转化的。总之，一切矛盾的对立面，如大与小、有与无、上与下、高与低、动与静、美与丑、真与假、穷与富、好与坏、苦与乐等，无一例外，都包含着在一定条件下向相反方面转化的可能性。

举个例子：有一个 10 岁的小男孩，在一次车祸中失去了左臂，但是他很想学柔道。

最终，小男孩拜一位日本柔道大师做了师傅，开始学习柔道。他学得不错，可是练了3个月，师傅只教了他一招，小男孩有点不明白大师为什么要这样做。他终于忍不住发问："我是否以该再学学其他招？"

师傅回答说："不错，你的确只会一招，但你只需会这一招就够了。"

小男孩仍然不是很明白，但他很相信师傅，于是就继续照着师傅的教导练了下去。

几个月后，师傅第一次带小男孩去参加比赛。小男孩没有想到自己居然能轻轻松松地赢了前两轮。第三轮稍稍有点艰难，但对手还是很快就变得急躁，并连连进攻，小男孩敏捷地施展出自己的那一招，又赢了。就这样，小男孩顺利地进入了决赛。

决赛的对手比小男孩要高大、强壮许多，也似乎更有经验。小男孩一度显得有点招架不住，裁判担心小男孩会受伤，就叫了暂停，并打算就此中止比赛，然而师傅不答应，坚持说："继续比下去！"比赛重新开始后，对手放

松了戒备，小男孩立刻使出他的那一招，制伏了对手，由此赢了比赛，得了冠军。

回家的路上，小男孩和师傅一起回顾每场比赛的所有细节，小男孩鼓起勇气道出了心里的疑问："师傅，我怎么凭一招就能赢得冠军呢？"

师傅答道："有两个原因：第一，你基本掌握了柔道中最难的一招；第二，就我所知，对付这一招唯一的办法就是让对手抓住你的左臂。孩子，有的时候，人的劣势未必就是劣势，可能反而成了优势。"

这个故事启示我们，优势和劣势是一对矛盾，二者之间是对立统一的关系，在一定条件下可以相互转化。小男孩通过自己的努力，将自身的劣势转化为优势。因而，做人要乐观，要以辩证的眼光来看待自己的优、劣势。

矛盾的斗争性是指矛盾着的对立面之间相互分离、相互对立、相互排斥、相互否定的性质和趋势。矛盾的斗争性是一个具有广泛意义的哲学范畴，一切矛盾双方的相互排斥、相互对立、相互否定的倾向，都是斗争。自然领域中的吸引与排斥、阴电与阳电、化合与分解、同化与异化等对立面的相互作用；社会领域中的敌对阶级之间你死我活的斗争、人民内部的批评和自我批评；思想领域中的不同学术观点的争鸣等，都是哲学所说的斗争。强调一点，哲学上所讲的斗争和我们所说的政治生活中的斗争不同。政治斗争是矛盾斗争性的一种表现形式，不能将矛盾斗争性仅仅归结为政治斗争一种形式。

由于矛盾的性质不同，矛盾的斗争形式也不同，对于多种多样的斗争形式，可以区分为对抗性和非对抗性两种基本形式。对抗性矛盾指自然界和社会生活中在根本性质和利益上互相对立，不可调和的矛盾。它表现为剧烈的外部冲突，要通过爆发式即外部冲突的形式去解决。非对抗性矛盾是指自然界和社会领域中不具有对抗性，双方根本利益一致基础上产生的矛盾。这种矛盾一般不表现为外部的激烈冲突，它的解决也不采取外部对抗的形式。

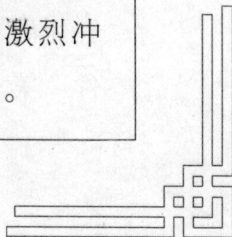

矛盾的同一性和矛盾的斗争性的关系：

矛盾的同一性和矛盾的斗争性是矛盾固有的两种基本属性，二者是相互联结、相辅相成的，没有斗争性就没有同一性，斗争性寓于同一性之中，没有同一性也没有斗争性。在事物的矛盾中，矛盾的斗争性是无条件的绝对的，矛盾的同一性是有条件的相对的。矛盾斗争性的绝对性体现了物质运动的绝对性，矛盾同一性的相对性体现了物质静止的相对性。无条件的绝对的斗争性与有条件的相对的同一性相结合，构成事物的矛盾运动，共同推动事物的发展。

③矛盾的同一性和矛盾的斗争性在事物发展中具有重要作用。

矛盾是事物发展的动力，矛盾的同一性和矛盾的斗争性共同在事物发展中起作用。

矛盾的同一性在事物发展中的作用表现在：第一，同一性是事物存在和发展的前提，在矛盾双方中一方的发展以另一方的发展为条件。第二，同一性使矛盾双方相互吸取有利于自身的因素，在相互作用中各自得到发展。例如，植物和动物之间，植物通过光合作用吸取二氧化碳、放出氧气，动物则吸取氧气、呼出二氧化碳，它们之间互相利用、互相促进。社会主义制度与资本主义制度是两种根本不同的社会制度，但是社会主义在排斥、否定资本主义的同时，也吸取和继承了资本主义社会的某些积极因素，如高度发展的生产力、先进的科学技术、科学管理以及优秀的历史文化等，这些能够促进社会主义社会不断向前发展。第三，同一性规定着事物向着自己的对立面发生转化的基本趋势。事物之所以能够转化，是由于事物内部矛盾双方具有相互贯通的关系。事物的发展方向、趋势不是随意的，而是有规律地向自己的对立面转化。

矛盾的斗争性在事物发展中的作用表现在：第一，矛盾双方的斗争促进矛盾双方力量的变化，竞长争高，此消彼长，造成双方力量发展的不平衡，为对立面的转化、事物的质变创造条件。例如，在生产力和生产关系的矛盾

中，生产力的每一步重大发展，都影响着生产关系，使旧生产关系中某种限制生产力发展的因素逐渐暴露，并力图克服这种因素。正是在这种互相排斥的斗争中，生产力和生产关系的矛盾双方力量对比不断地发生变化。这个力量变化的过程，就是促使生产方式发生根本变革的量的准备过程。第二，矛盾双方的斗争，是一种矛盾统一体向另一种矛盾统一体过渡的决定力量。矛盾的相互排斥、否定促成旧的矛盾统一体破裂和新的矛盾统一体产生，从而使旧事物发展为新事物。例如，当生产力发展到旧的生产关系所能容纳的最高点时，当旧的生产关系再也不能容纳已经发展起来了的生产力的时候，就要变革旧的生产关系，即突破旧生产方式存在的限度。这种变革，显然是靠矛盾的斗争性来实现的。

例如，美国的阿拉斯加盛产鹿，但狼太多，对鹿群造成极大威胁。为了保护鹿群免受狼的袭击，政府号召人们行动起来消灭狼。后来，狼被消灭光了。鹿在水多树茂草盛又没有天敌的环境下悠哉乐哉。按理说鹿应该不断发展壮大，可事实上鹿的死亡率逐年增加，其原因在于鹿在没有天敌的环境下产生了懒惰，不愿意跑动了，结果身体素质明显下降，免疫力也大不如初了，一遇到恶劣天气，竟一批批死亡。后来人们又"请"来了几只狼，马上激发了鹿的生机和活力，除了老弱病残鹿成为狼的腹中餐，其他的鹿却越来越健壮，队伍不断壮大。在这个故事中，狼和鹿是一对矛盾，在它们之斗争，使得鹿群变得越来越强大。

矛盾的斗争性和矛盾的同一性在事物发展过程中是相互结合共同发生作用的。只有把事物内部对立面的同一和斗争结合起来考察事物，才能揭示其变化和发展的秘密。任何把二者割裂开来，片面夸大斗争性而否定同一性的作用，或片面夸大同一性而否定斗争性的作用，都是错误的，违背辩证法的。

例如，在北方某大城市里，诸多电器经销商经过明争暗斗的激烈市场较量，在彼此付出了很大的代价后，有赵、王两大商家脱颖而

出，他们又成为最强硬的竞争对手。

这一年，赵为了增强市场竞争力，采取了极度扩张的经营策略，大量地收购、兼并各类小企业，并在各市县发展连锁店，但由于实际操作中的失误，造成信贷资金比例过大，经营包袱过重，其市场销售业绩反倒直线下降。这时，许多业内外人士纷纷提醒王——这是主动出击，一举彻底击败对手赵，进而独占该市电器市场的最好商机。王却微微一笑，始终不曾采纳众人提出的建议。

在赵最危难的时机，王却出人意料地主动伸出援手，拆借资金帮助赵涉险过关。最终，让赵的经营状况日趋好转，并一直给王的经营施加压力，迫使王时刻面对着这一强有力的竞争对手。有很多人曾嘲笑王的心慈手软，说他是养虎为患。可王却没有丝毫反悔之意，只是殚精竭虑，四处招纳人才，并以多种方式调动手下的人拼搏进取，一刻也不敢懈怠。

就这样，王和赵在激烈的市场竞争中，既是朋友又是对手，彼此绞尽脑汁地较量，双方各有损失，但各自的收获却都很大。多年后，王和赵都成了当地赫赫有名的商业巨子。

面对事业如日中天的王，当记者提及他当年的"非常之举"时，王一脸的平淡：击倒一个对手有时候很简单，但没有对手的竞争又是乏味的。企业能够发展壮大，应该感谢对手时时施加的压力，正是这些压力，化为想方设法战胜困难的动力，进而在残酷的市场竞争中，始终保持着一种危机感。

这则故事告诉我们，矛盾双方既有斗争性又有同一性，不能把二者分开，矛盾的同一性和斗争性结合起来，同时发挥作用，形成合力才能推动事物的发展。

④内部矛盾和外部矛盾在事物发展过程中的地位和作用。

什么是内部矛盾和外部矛盾？要理解事物的发展，还必须理解好内部矛盾与外部矛盾的关系。内部矛盾是指某一事物内部所包含的诸要素之间的对立统一；外部矛盾是指这一事物同其他事物的对立统一。内部矛盾是事物发展

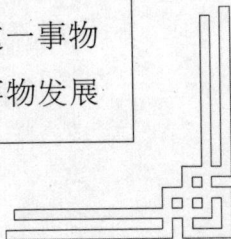

的内因，外部矛盾是事物发展的外因。

内部矛盾与外部矛盾，即内因与外因的辩证关系。

唯物辩证法认为内因是事物发展、变化的根据，是第一位的原因；为什么说内因是事物发展、变化的根据，是第一位的原因呢？是因为它是事物存在的深刻基础，是一事物区别于他事物的内在本质。一个事物为什么会运动变化，发生什么样的变化，变成什么样子，主要是由事物的内因决定的。

外因是事物发展、变化的条件，是第二位的原因，外因通过内因而起作用。外因是事物存在和发展的必要条件，它加速或延缓事物发展的进程，只能对内因施加各种影响，通过内因起作用。例如，鸡蛋孵小鸡，没有适当的温度条件，鸡蛋不能孵出小鸡，外因起着重要作用；但是，适当的温度条件再合适，也不可能使石头孵成小鸡，可见内因起着决定性的作用。

美国大发明家爱迪生，1847 年出生在美国俄亥俄州的一个叫米兰的小镇上，父亲是个穷苦的农民。他受正式教育仅三个月，老师把他看作是一个头脑迟钝的弱智儿童。由于生活所迫，12 岁起就走上了独立谋生的道路，在火车上当报童。但就是这样一个生活艰难、仅上过几个月学的人，却成为现代科学史上发明创造最多的人之一。他在 1931 年去世之前，仅在美国获得专利权的发明就有 1091 件，电灯、电车、扩音器、留声机、幻灯、电磁、电池、电报等，都是他发明的。根据他对历史的影响，美国科学家麦克·哈特博士在其《人类百位名人排座次》一书中把爱迪生排第 38 位，并称他为"地球上最伟大的发明家"。爱迪生成才的秘密何在呢？一方面，在于他有一股惊人的学习、钻研和工作的毅力。他虽然只上过三个月的学，但却抓紧一切可以利用的时间学习。有时为了一个试验，他常常在实验室连续工作 24 小时，以至 36 小时，有时甚至接连五昼夜不合眼，另一方面，他拥有条件较好的实验室，并且有一大批得力助手。他的实验室就

是后来的许多大工业公司建立的大型实验室的原始形态。

爱迪生成才的事迹给人以启迪，极富教育意义。它说明了一个深刻的哲学道理：人们要想获得成功，一方面是有良好的环境，这是外因；但更重要的一方面是本人有没有进步的要求和主观的努力，这是内因，任何成功都是内因和外因相互作用的结果。

内因外因辩证关系原理是我国实行独立自主、自力更生和对外开放相结合政策的重要理论根据。我们进行社会主义现代化建设，必须依靠自己的力量，坚持独立自主、自力更生，建设中国特色社会主义，这是我们的立足点；同时又要实行对外开放，学习和引进外国先进的科学技术，吸收和借鉴人类社会创造的一切文明成果。世界上任何一个民族和国家都要取人之所长，补己之所短，以求得自己的发展。独立自主、自力更生与对外开放是辩证统一的。

（3）矛盾普遍性和特殊性及其相互关系

矛盾普遍性即矛盾无处不在，无时不有。它是指矛盾存在于一切事物中，存在于一切事物发展过程的始终，旧的矛盾解决了，新的矛盾又产生。事物始终在矛盾中运动。矛盾的普遍性有两方面的意义：其一，矛盾存在于一切事物的发展过程中；其二，每一事物发展过程中存在着自始至终的矛盾运动。

矛盾无处不在，是说无论自然界、人类社会还是思维领域，矛盾都普遍存在着。在自然界，力学现象中的作用力和反作用力，物理现象中的阴电和阳电，化学现象中的化合和分解，生物现象中的遗传和变异等，都是矛盾。在社会运动中，有生产力和生产关系的矛盾，经济基础和上层建筑的矛盾。在当前社会中，存在有个人与社会、奉献与索取、权利和义务、理想和现实等矛盾。在人的思维中也存在着主观与客观，正确与错误等矛盾。可见，一切事物都存在着矛盾。

矛盾普遍性原理有十分重要的意义。它要

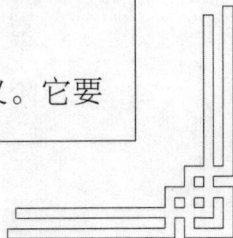

求我们在现实生活中实事求是，承认矛盾，揭露矛盾，分析矛盾，并采取合适的方法解决矛盾，这样我们才能取得进步，得到发展。

矛盾的特殊性是相对于矛盾的普遍性来说的。矛盾普遍存在，但不同事物的矛盾又是具体的、特殊的。矛盾的特殊性是指具体事物所包含的矛盾及每一个矛盾各有其特点。世界上的万事万物千差万别，各有其特殊的本质。这种千差万别的内在原因，就在于事物内部的矛盾的特殊性。因此，我们要了解事物，就必须分析矛盾特殊性。

矛盾的特殊性有三种情形：

第一，不同事物的矛盾各有其特点。在现实生活中，比较复杂的事物都是由诸多矛盾构成的系统，都包含着自身特殊的矛盾，从而与其他事物区别开来。例如，同化与异化的矛盾是生命有机体的特殊矛盾，无机物就没有这种矛盾。

第二，同一事物的矛盾在不同发展过程和发展阶段各有不同特点。一个复杂事物的发展过程一般要经历若干个过程和阶段，每个过程和阶段都包含着特殊的矛盾，这样我们就区分这些不同过程和阶段。理解在事物发展的过程，必须了解基本矛盾和非基本矛盾的区别。所谓基本矛盾，就是贯穿于某一事物发展过程的始终并规定该事物及其过程本质的矛盾。所谓非基本矛盾，就是不规定事物及其过程的基本性质，也不一定贯穿于事物发展过程始终的矛盾。基本矛盾规定事物的本质，而非基本矛盾不规定事物本质，它使事物显示出阶段性的某些特点。例如，人类社会经历了原始社会、奴隶社会、封建社会、资本主义社会和社会主义社会几种社会形态，每种社会形态都贯穿着生产力和生产关系、经济基础和上层建筑的基本矛盾，而每一种社会形态都有自己不同的矛盾。人的生命过程要经历婴儿、幼年、童年、青年、壮年、老年等多个阶段，每个阶段虽都贯穿着同化和异化的基本矛盾，但在每一阶段又都各有不同的特点。

第三，构成事物的诸多矛盾以及每一矛盾

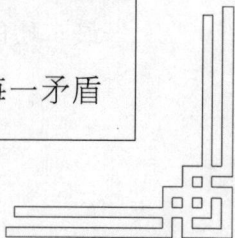

的不同方面各有不同的性质、地位和作用。正因为这些不同，所以我们要分析主要矛盾和次要矛盾，矛盾的主要方面和次要方面。主要矛盾是矛盾体系中处于支配地位，对事物发展起决定作用的矛盾。次要矛盾是处于服从地位的矛盾。在每一对矛盾中又有矛盾的主要方面与矛盾的次要方面。矛盾的性质主要是由矛盾的主要方面决定的。在观察和处理矛盾时，必须坚持"两点论"和"重点论"相结合。两点论就是既要看到主要矛盾和矛盾的主要方面，又要看到次要矛盾和矛盾的次要方面，不能只顾一方面，而忽视另一方面。重点论就是在看到两个方面时，必须分清主次，抓住主要矛盾和矛盾的主要方面，不能把两者等量齐观，更不能颠倒主次。

矛盾的特殊性原理有很重要的意义，它要求要具体问题具体分析。具体问题具体分析就是分析各种事物矛盾的特殊性。马克思主义的最本质的东西和活的灵魂，就是具体问题具体分析。离开具体的分析，就不能认识任何矛盾

的特殊性，就不能认清事物的本质和发展规律，因而也就不能正确地解决任何的矛盾。

举个例子：年近花甲的哲学教授在上最后一课。当课快结束时他拿出了一个大玻璃瓶，又先后拿出一袋核桃，一袋莲子。他说："我今天给你们做一个实验，希望你们每个人能一辈子记住这个实验结果。"

在座的同学当时都很奇怪，哲学课还能做实验？

老教授把核桃倒进玻璃杯中，直到一个也塞不进去为止。这时候他问："现在杯子满了吗？"学过哲学的同学已经有了几分辩证法的思维。"如果说装核桃的话，它已经装满了。"教授又拿出莲子，用莲子填充核桃剩下的空间。

老教授笑着问："你们能从这个实验中概括出什么道理吗？"

同学们一个个开始发言，有人说这说明了世界上没有绝对的满，只有相对的满。有人说这说明了时间像海绵里的水，只要想挤，总可

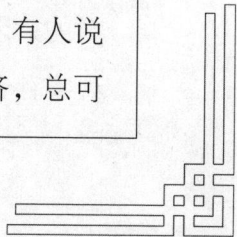

以挤出来的。还有人说这说明了空间可以无限细分。

最后，老教授说："你们说得都很有道理，不过还没有说出我想要大家领会的道理来。你们是否可以反过来想一想，如果我先装的是莲子而不是核桃。那么莲子装满后还能再装下核桃吗？你们想想看，人生有时候是不是也是如此，我们经常被许多无关紧要的琐事所困扰，看着人生沉埋于这些琐碎的事物之中。到了最后，却往往忽略了去做那些真正对自己重要的事情。结果，白白浪费了许多宝贵的时间。所以，我希望大家能够记住这个实验，如果莲子先塞满了，就装不下核桃了。"

一片静默之中，同学们都陷入了沉思。

这则故事启示我们：做事情要抓住重点。

矛盾普遍性与矛盾特殊性是辩证统一的关系。矛盾的普遍性即矛盾的共性，矛盾的特殊性即矛盾的个性。矛盾的共性是无条件的、绝对的，矛盾的个性是有条件的、相对的。任何现实存在的事物都是共性和个性的有机统一，

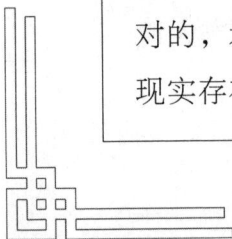

共性寓于个性之中，没有离开个性的共性，也没有离开共性的个性。矛盾的共性和个性、绝对和相对的道理，是关于事物矛盾问题的精髓，不懂得这个道理就不能真正掌握唯物辩证法。矛盾普遍性与矛盾特殊性的辩证统一原理是我们党马克思主义的普遍真理同我国的具体实际相结合思想的哲学基础，也是建设中国特色社会主义的哲学基础。矛盾普遍性与矛盾特殊性相结合原理，为人们提出了科学的认识方法，即人的认识的一般规律就是由认识个别上升到认识一般，再由一般到个别的辩证发展过程。

2. 质量互变规律——事物联系和发展的状态和形式

掌握质量互变规律，首先要把握质、量、度。

质是一事物区别于其他事物的内在规定性。玉的质规定和氏璧是玉，而不是石头；硫化铜的质规定它是硫化铜，而不是黄金；柳树

的质规定它是柳树，而不是白杨树；社会主义的质规定它是社会主义，而不是资本主义。

量是事物的规模、程度、速度等可以用数量关系表示的规定性。相同质的事物，可以有量的区别。如物体的大小、运动的快慢、温度的高低、颜色的深浅，分子中原子的多少和排列顺序、人口的密度和增长速度等，这些都是量的规定性。

任何事物都是质和量的统一，它的存在都有自己的度。度是指保持事物质的稳定性的数量界限，即事物的限度、幅度和范围。度的两端叫关节点或临界点，超出关节点或临界点就超出度的范围，一物就转化为他物。例如，在标准大气压下，水的温度就是0～100℃，在这个幅度内，水保持其自身的质不变，0℃和100℃就是临界点或关节点。如果超出 0～100℃这个范围，也就是超出了临界点或关节点，水就失去自己的质，而变成冰或水蒸气了。

黑格尔曾说过一段含义深刻的话："凡一

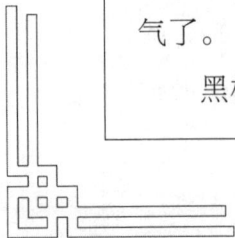

切人世间的事物、财富、荣誉、权力、甚至快乐痛苦等——皆有其确定的限度，超越这限度，就会招致毁灭。"通常说的，要"注意分寸"、"掌握火候"、"划清界限"、"留有余地"、"过犹不及"等，说的都是适度的道理。度这一哲学范畴给我们的启示是，在学习、工作和生活中，认识和处理问题时要掌握适度的原则。

事物的联系和发展都采取量变和质变两种状态和形式。

量变是事物数量的增减和次序的变动，是保持事物的质的相对稳定性的不显著变化，是事物连续的、逐渐的、不显著的变化。量变的形式是多样的，基本可分为两种：一种是由于数量的增减引起的质变；另一种是由于构成事物的各种成分在排列次序和结构形式上的变化而引起的质变。

质变是事物性质的根本变化，是事物前进过程的中断，是事物由一种质态向另一种质态的飞跃。例如，在标准大气压下，水的温度如

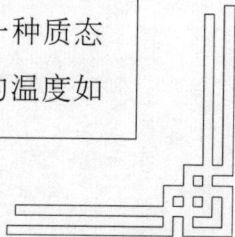

果超出 0～100℃ 这个范围，水就失去自己的质，而变成冰或水蒸气了，这就发生了质变。质变的形式也是多样的，可分为两类：爆发式飞跃和非爆发式飞跃。爆发式飞跃，是在量变的积累达到关节点或临界点以后，新事物迅速战胜旧事物而实现的根本质变。如自然现象中的火山爆发、地震、炸弹爆炸；社会现象中暴力革命、武装夺取政权等。非爆发式飞跃，是通过新质要素的逐渐积累和旧质要素的逐渐衰亡而实现的，一般不发生剧烈的外部冲突的质变。如生物由旧物种到新物种的发展、从猿到人的转变、人民内部矛盾的解决、科学的革命、人的世界观的转变等。

量变和质变的辩证关系是：

第一，量变是质变的必要准备。任何事物的变化都有一个量变的积累过程，没有量变的积累，质变就不会发生。老子说的，"合抱之木，生于毫末；九层之台，起于垒土；千里之行，始于足下"，俗语所讲"冰冻三尺，非一日之寒"，"不积跬步，无以至千里；不积细

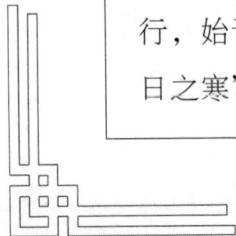

流,无以成江海","善不积不足以成名,恶不积不足以灭身"等,讲的都是量变是质变的必要准备这个道理。

第二,质变是量变的必然结果。单纯的量变不会永远持续下去,量变达到一定程度必然引起质变。

第三,量变和质变是相互依存、相互贯通的,量变引起质变,在新质的基础上,事物又开始新的量变,如此交替循环,形成事物质量互变的规律性。

质量互变规律启示我们:在学习、工作和生活中,要把远大的理想和目标,与脚踏实地有步骤地务实精神相结合,要把远大的理想和目标与持之以恒的奋斗精神相结合。

例如,有两个年轻人酷爱画画,其中一个很有绘画的天赋,另一个资质则明显差一些。20岁的时候,那个很有天赋的年轻人开始沉醉在灯红酒绿之中,整天美酒笙歌、醉眼迷离,丢掉了自己的画笔。

而那个资质较差的年轻人则没有丢掉画

笔。他虽然生活极为贫困，每天需要打柴、下田劳作，但他始终没有丢掉自己钟爱的画笔。每天回来再晚再累，他都要点亮油灯，伏在破桌上全神贯注地画上一个小时。即使在他做木匠走村串户为别人打制桌椅床柜的时候，他的工具箱里也时刻装着笔墨纸砚，在休息的短暂间隙，行路时在路边稍坐，他都会铺上白纸绘画，甚至以草棍代笔，在泥地上画一通。

40年后，他成功了，从湖南湘潭一个名不见经传的小镇上的一介木匠变成了蜚声世界的画坛大师，这个人就是齐白石。

齐白石成功后，曾和他一样酷爱过绘画的那个人到北京来拜访齐白石。不过，他同自称"白石老人"的齐白石一样，已经是个年过六旬的老头了。两个人促膝交谈，齐白石听他慨叹美术创作的艰辛和不易，听他述说对自己从事绘画半途而废的深深惋惜，齐白石莞然一笑说："其实成功远不如你想的那么艰辛和遥远，从木艺雕刻匠到绘画大师，仅仅需要4年多的时间。"

　　"只需要 4 年多一点?"那个人一听就愣了。

　　齐白石拿来一支笔一张纸,伏在桌上给他计算:"我从 20 岁开始真正练习绘画,35 岁前一天只能有一个小时绘画的时间,一天一小时,一年 365 天,只有 365 小时,365 小时除以 24,每年绘画的时间是 15 天。20 岁到 35 岁是 15 年,15 年乘以每年的 15 天,这 15 年间绘画的全部时间是 225 天;35 岁到 55 岁的时候,我每天练习绘画的时间是 2 小时,一年共用 730 小时,除以每天 24 小时,折合 31 天,每年 31 天乘以 20 年合计是 620 天;从 55 岁至 60 岁,我每天用于绘画的时间是 10 小时,一年是 3650 小时,折合 152 天,5 年共用 760 天。20 岁到 35 岁之间的 225 天,加上 35 岁到 55 岁之间的 620 天,再加上 55 岁到 60 岁时的 760 天。我绘画共用了 1605 天,总折合 4 年零 4 个月。"

　　4 年零 4 个月,这是齐白石从一个乡村懵懂青年成为一代画坛巨匠的成功时间。很多人

对齐白石仅用了 4 年零 4 个月的时间就取得成功很惊愕，但何须惊愕呢？其实成功离我们每个人并不远，成功也不需要太长的时间，只要你坚持，只要你勤奋，成功的阳光便很快就会照射到你忙碌的身影上。

不要害怕成功遥遥无期，成功其实不需要太长的时间，用上你发呆或喝咖啡的时间就足够了。

这则故事启示我们：要获得成功既要有远大的目标，又要有持之以恒的奋斗精神。

3. 否定之否定规律——事物发展的方向和道路

了解否定之否定规律，首先要了解肯定和否定，正确理解辩证的否定观。任何事物内部都包含着肯定因素和否定因素。肯定因素是维持现成事物存在的因素，否定因素是促使现成事物灭亡的因素。事物发展中的肯定和否定不是孤立存在的，是相互依赖、相互渗透的，是辩证统一的。肯定和否定辩证统一原理启示我们，在考察任何具体事物时，必须看到肯定和否定两个方面。如果看不到事物的肯定方面就不能了解事物的性质，如果看不到事物的否定方面就不能看到事物的发展前途。

辩证否定观在唯物辩证法中占有非常重要的地位。辩证否定观的基本内容是：

第一，否定是事物的自我否定。事物内部都包含着肯定因素和否定因素，这两种因素彼此斗争，达到力量的此消彼长，从而实现自我否定。

第二，否定是事物发展的环节。事物发展的本质是，新事物产生和旧事物灭亡，是事物根本性质的变化。只有经过否定，旧事物才能向新事物转变。例如，没有一个社会形态对另一个社会形态的否定，就没有社会的前进和发展。在我国，如果没有新民主主义革命对半殖民地半封建社会的否定，就不可能消灭人剥削人的制度和建立崭新的社会主义社会。

第三，否定是联系的环节，新事物孕育产生于旧事物，新旧事物是通过否定环节联系起

来的。例如，哥白尼提出的"太阳中心说"，为人类科学地认识世界做出巨大贡献，有力地批判否定了托勒密的"地球中心说"。但这种批判否定不是全盘抛弃，而是在否定托勒密错误的同时，吸收了托勒密对太阳结构研究的方法、原则等积极成果，再经过自己的潜心专研，才成功创立了"太阳中心说"。因此说，不能割断新事物和旧事物之间的联系。

第四，辩证否定的实质是"扬弃"，扬弃是指既克服又保留，即新事物对旧事物既批判又继承，既克服其消极因素又保留其积极因素。辩证的否定观，要求我们绝对不能肯定一切或者否定一切，要求我们对事物中消极的东西要坚决克服，同时对事物中积极的东西要加以保留、吸取。只有这样我们才能科学地看待、处理问题，从而获得成功。

唯物辩证法认为，事物的辩证否定，不是一次完成的，而是一个有规律的自我发展、自我完善的过程，即"肯定—否定—否定之否定"。这个过程包括两次辩证的否定、三个阶段，形成一个周期。其中否定之否定阶段仿佛是向原来出发点的"回复"，但这是在更高阶段的"回复"，是"扬弃"的结果，事物的发展呈现出周期性。事物的发展就是这样循环往复，螺旋式地上升或波浪式地前进的。这就是否定之否定规律。例如，麦粒自身的两次辩证否定就是自我发展的过程，也就是否定之否定的过程。当麦粒处于肯定阶段时，是肯定和否定的对立统一，麦粒的胚乳像仓库一样储存着淀粉、脂肪和蛋白质，还是它的肯定方面，它内部包含的胚芽，是植株的萌芽状态，是它的否定方面。当麦粒具备了适宜的土壤、雨露和阳光等所必需的正常条件后，胚芽吸收胚乳的养分而发展起来，它就会萌芽、生长成为植物。这时，麦粒就消失了，从而被麦株所否定了。这就是恩格斯所说的"第一次否定"。麦株的正常发展，不断地加工和制造淀粉、脂肪、蛋白质、开花、结实，最后又产生麦粒。麦粒成熟后，麦株就逐渐枯萎死亡，它又被麦粒所否定，这就是恩格斯所说的"第二次否

定"。在麦粒的自我发展过程中，通过这两次否定、三个阶段，从麦粒出发又回到了麦粒，远离了起点又回到了起点，头尾相接而又不完全重合，因为这时已经不再是原来的一粒麦子，而是增加了十倍或几十倍。这种形式的两次否定，显示出事物自我发展的辩证性质，是"真正的、自然的、历史的和辩证的否定"，是在"更高阶段上""重新达到了原来的出发点"的否定。

总之，事物由于内部肯定方面和否定方面的矛盾而自我发展、自我完善。事物自我运动的全过程，是由事物内部矛盾经过两次质变、两次否定而完成的。第一次否定，是原有肯定方面和否定方面之间矛盾对立的展开，事物由肯定阶段发展到否定阶段，但是这还不能充分地展示出自我运动的全部丰富的内容。只有通过再一次的否定，即否定的否定，事物由否定阶段发展到否定之否定阶段，在新的基础上重复肯定阶段的某些特点、特性，才解决了前两阶段之间的矛盾。这样，既保留了它们各自的积极因素，又克服了它们各自的片面性，达到了肯定方面和否定方面的对立统一，使事物在自我运动中自身得到充分的发展，呈现出某一特定事物发展的完整过程。

（四）唯物辩证法的基本范畴

唯物辩证法的基本范畴：原因与结果、必然性与偶然性、可能性与现实性、现象与本质、内容与形式等，都蕴含着矛盾分析法，都具有重要的方法论意义。

1. 原因与结果

什么是原因，什么是结果，原因和结果有什么关系？

原因是引起一定现象产生的现象，结果是由原因作用而产生的现象。常言说：风吹草动，钟不敲不响，熟能生巧。这里"风吹"是

原因，"草动"是结果；"敲钟"是原因，"钟响"是结果；"熟"是原因，"巧"是结果。因果关系是指事物或现象之间的这种引起和被引起的关系。

因果联系是客观的，是客观事物本身固有的，是不以人的意志为转移的。

因果联系是普遍存在的，是复杂多样的。因果联系的类型有一因多果，同因异果；一果多因，同果异因；多因多果，复合因果等。

因果联系是辩证的，两者既有联系又有区别，并在一定条件下相互转化。

原因和结果辩证关系原理启示我们，要善于辩证地分析事物的因果关系，细致分析不同原因及其不同结果，这样可以增强我们的预见性和调控性。

2. 必然性与偶然性

什么是必然性，什么是偶然性，必然性与偶然性有什么关系呢？

必然性和偶然性是揭示事物的发生、发展

和灭亡的不同趋势的范畴。必然性是指事物发展过程中合乎规律的、一定要发生的确定不移的趋势。例如，"种瓜得瓜，种豆得豆"、新陈代谢、日夜交替、寒来暑往等。必然性是由事物内部的根本矛盾决定的，决定着事物发展的前途和方向。偶然性是指事物发展过程中不确定发生的趋势，可以出现也可以不出现，可以这样出现也可以那样出现的趋势。偶然性是由事物的非根本矛盾和外部条件引起的，在事物发展中不居支配地位，不能决定事物发展的前途和方向，只是对事物发展的进程起加速或延缓的作用。例如，种瓜得瓜，种豆得豆，但得多少瓜、多少豆，每一个瓜的大小，每一个豆荚中有几颗豆粒，都带有偶然性。

必然性和偶然性是对立统一的关系。二者相联结而存在，必然性寓于偶然性之中，偶然性背后隐藏着必然性，偶然性为必然性开辟道路。

必然性和偶然性辩证关系原理启示我们，必须重视事物发展的必然性，把握事物发展的

总趋势、总规律，但也绝不可忽视偶然性的作用，要善于从偶然中发现必然，把握有利于事物发展的机遇。

3. 可能性与现实性

现实性是指已经有内在根据的、合乎必然性的存在。可能性是指包含在事物中，预示事物发展前途的种种趋势，是潜在的尚未实现的。

现实性与可能性是对立统一的关系。现实性和可能性既有区别，又有联系。没有现实就没有可能，反过来，没有可能就没有新的现实。

现实性与可能性辩证关系原理启示我们，要注意分析事物发展的各种可能，发挥主观能动性，做好应对不利情况的准备，争取实现好的可能。

4. 现象与本质

现象是事物的外部联系和表面特征，是事

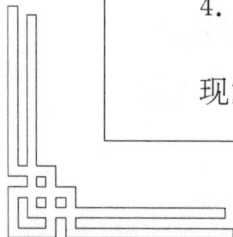

物的外在表现。本质是事物的内部联系和根本性质。任何现象都是本质的表现。现象有真相和假象之分，真相是正面地直接地表现本质的现象；假象是反面地歪曲地表现本质的现象。

现象与本质是对立统一的关系。本质隐藏在现象之中，并通过各种现象表现出来，而现象则是本质在某一方面的表现。

现象与本质辩证关系原理启示我们，要正确认识事物，进行成功的实践活动，必须深入把握事物本质和规律性的东西。把握事物的本质可以把对现象的观察、分析作为出发点，通过对现象的去粗取精、去伪存真、由此及彼、由表及里的理性认知，不断深入对事物本质的认识。

5．内容与形式

内容是事物存在的基础。形式是事物存在和表现的方式。形式和内容的关系是复杂多样的。一方面，同一内容可以有多种不同的形式。另一方面，同一形式，也可以表现不同的

多种内容。

内容与形式是对立统一的关系。内容决定形式，形式反作用于内容，两者既相互区别又相互依存。

内容与形式辩证关系原理启示我们，既要重视内容，反对形式主义，又要善于运用形式，发挥其积极作用，力求把正确而充实的内容同完美而灵活的形式结合起来。

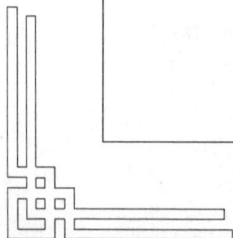

四、通向真理王国的必由之路

——辩证唯物主义认识论

人可以认识世界上的事物，包括自己吗？人的正确思想从哪里来的？真理从哪里来的？人如何追求、发展、捍卫真理？如何改变世界，创造价值？是从天上掉下来的，还是人一生下来头脑中就存在的呢？怎样才能检验出人的认识是不是真理？赫尔岑曾说："真理是灿烂的，只要有一个罅隙，就能照亮整个田野。"那么，如何闪耀真理的光芒？如何通往真理王国？这些问题在辩证唯物主义认识论中都能得到解答，找到答案。

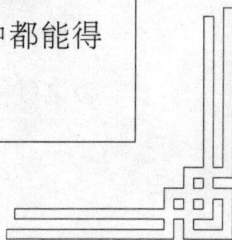

我们能不能认识这个世界上的事物，包括我们自己呢？对于这个问题的回答，哲学史上有两种回答，这两种不同回答体现在可知论与不可知论的斗争之中。

（一）关于可知论与不可知论之争

可知论与不可知论是根本对立的。

可知论主张人有认识世界的能力，人的思维能力具有至上性，人是能够反映并认识客观外界事物的，因而，世界是可知的。所有唯物主义者在坚持认识反映论的同时，都坚持可知论。应该说明的是，比较彻底的唯心主义者也坚持可知论，但是他们的可知论与唯物主义可知论有区别。区别在于，在这些唯心主义者看来，世界的本质是精神的，精神决定物质，物质是精神派生的。精神既然能够决定世界，当然也就能够认识世界。

不可知论认为世界是不可以认识的或不可以完全认识的。不可知论否认认识世界的可能性，它的典型代表人物是英国唯心主义哲学家休谟和德国唯心主义哲学家康德。休谟认为，人知道的只是自己的感觉，人的认识不能超出感觉的范围，至于感觉之外是否存在客观世界，感觉能否正确反映客观世界等问题，都是不可能知道的。康德认为，人所认识的仅仅是外部世界的现象，它们作用于人们的感觉器官，引起人们的感觉，但人们只能认识感觉即现象世界，不能认识世界本身。由于不可知论怀疑人类科学知识的客观性，怀疑人的认识能力，所以曾先后受到唯物主义者和彻底唯心主义者的多次批判。

唯心主义可知论对不可知论的批判，具体表现为黑格尔以辩证法为武器对康德的不可知论进行了批判。恩格斯对这次批判给予了很高的评价，认为凡是从唯心主义观点出发所能说的，黑格尔都已经说了。旧唯物主义可知论对不可知论的批判，具体表现为费尔巴哈用感觉

论作为武器对不可知论进行的批判。恩格斯认为费尔巴哈所增加的唯物主义的东西，与其说是深刻的，不如说是机智的。上面这些对不可知论的批判都没有能够彻底驳倒不可知论。

恩格斯运用实践的观点对不可知论进行了彻底的批判，认为驳斥不可知论最彻底的就是实践。他指出："对这些以及其他一切哲学上的怪论的最令人信服的驳斥是实践，即实验和工业。既然我们自己能够制造出某一自然过程，按照它的条件把它生产出来，并使它为我们的目的服务，从而证明我们对这一过程的理解是正确的，那么康德的不可捉摸的'自在之物'就完结了。"实践之所以是驳斥不可知论有力的武器，是因为在实践中，人们不仅能认识事物的现象，而且能认识事物的本质：人们在实践活动中复制出来某些客观事物；实践的成功或失败能证明我们对客体的认识是否正确。在辩证唯物主义看来，这个世界上只存在着现在还尚未被认识的事物，但不存在永远不能认识的事物。辩证唯物主义用实践的观点彻底驳倒了不可知论，坚持了彻底可知论的基本观点。正如恩格斯指出，这些不可理解的事物，已经被科学的巨大进步逐一地理解、分析，甚至重新制造出来了；而我们能够制造的东西，我们当然不能认为是不可认识的。

接下来，我们来了解认识是什么，认识的本质是什么？

（二）认识的本质
——主体对客体的能动反映

辩证唯物主义认识论认为，人类可以认识世界，认识的本质是主体对客体的能动反映。但是，关于认识的本质，哲学史上存在着两条根本对立的认识路线之争。

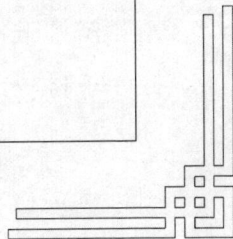

1. 关于两条根本对立的认识路线之争——唯物主义反映论与唯心主义先验论

人的认识是从天上掉下来的，还是人一生下来头脑中就存在的呢？对于这个问题的回答存在着认识论两条根本对立的认识路线的斗争。

唯物主义反映论与唯心主义先验论是两条根本对立的认识路线。唯物主义反映论坚持从物到感觉和思想的认识路线；唯心主义先验论坚持从感觉和思想到物的认识路线。

唯物主义认识论从物质第一性、意识第二性，物质决定意识的基本前提出发，认为认识是对客观外界事物的反映，坚持认识论上反映论的基本观点。在认识论上坚持了一条"从物到感觉和思想"的认识路线。古代朴素唯物主义的"流射说"、"影像论"、"蜡块说"，近代形而上学唯物主义的"白板说"、"感觉论"，辩证唯物主义的认识论等都坚持反映论的基本立场，认为先有被反映者，然后才有反映。

唯心主义认识论则从意识第一性、物质第二性，意识决定物质的基本前提出发，坚持认识是先于人的感觉经验和实践活动而存在的，坚持先验论的基本观点。它在认识论上则坚持了一条"从感觉和思想到物"的认识路线。唯心主义认识论又可以区分为客观唯心主义和主观唯心主义认识论。客观唯心主义认识论把认识的来源归结为某种神秘的客观精神力量，如上帝、神灵的"启示"或某种"客观精神"的决定等。主观唯心主义认识论则把认识看成是人的头脑中所固有的或主观自生的，如孔子的"生而知之"，孟子的"良知"和"良能"等。

2. 辩证唯物主义和旧唯物主义对认识的不同回答

辩证唯物主义和旧唯物主义虽然都坚持反映论，认为认识是主体对客体的反映，但是二者之间又有着原则上的区别。

旧唯物主义的认识论即形而上学唯物主义认识论，把人的认识看成是消极地、被动地反

映和接受外界对象。它有两个严重的缺陷：一是离开实践，离开人的社会性考察认识问题，因而不了解实践对认识的决定作用，不了解主体对客体的能动作用；二是不了解认识的辩证性质，离开辩证法来考察认识问题，不能把辩证法应用于反映论，不能把认识看作是一个不断发展的过程，而认为认识是一次性完成的。这种直观的消极被动的反映论是不科学的。

辩证唯物主义的认识论在继承了旧唯物主义的反映论的合理前提的同时，又克服了它的严重缺陷。首先，辩证唯物主义的认识论把实践的观点引入了认识论，阐明认识是主体通过实践对客体的能动的反映，科学地规定了认识的主体和客体及其相互关系，认为主体与客体的关系首先是一种改造与被改造的关系，在此基础上才产生了它们之间的反映与被反映的关系。就是说，主体是为了实现一定认识目的而自觉地、主动地在改造世界的过程中反映世界的，人对世界的反映能力也是随着实践的发展而历史地变化发展着的。其次，辩证唯物主义把辩证法应用于反映论，应用于考察认识的发展过程，科学地说明了认识发展的辩证过程以及认识规律。如科学地揭示了认识过程中的多方面的辩证关系：主观和客观、认识和实践、感性和理性、相对真理和绝对真理等。因而，它全面地揭示了认识过程的辩证性质，把认识看成一个由不知到知、由浅入深的充满矛盾的能动的认识过程。

这种以实践观点和辩证观点为特征的反映论，不仅驳倒了唯心主义先验论和不可知主义怀疑论，而且克服了旧唯物主义直观反映论的缺陷，创立了以科学实践观为基础的能动的革命的反映论，实现了人类认识史上的变革。

3. 认识的主体、客体及其关系

认识的主体、客体及其关系问题，是认识论中的基本问题。

（1）什么是认识的主体与客体

认识主体是指具有思维能力、从事社会实践和认识活动的人。主体的基本形式有个体主

体，群体主体以及社会主体。认识客体是指实践和认识活动所指向的对象。客体的基本形式有自然客体，社会客体以及精神客体。在认识系统中除了主体、客体还有主体和客体间的中介。中介是指各种形式的工具、手段以及运用、操作这些工具的程序和方法。实践的中介系统可分为两个子系统：一是作为人的肢体延长、体能放大的工具系统；二是作为人的感官和大脑延伸、智力放大的工具系统。正是依靠这种中介系统，实践主体和客体才能够相互联系和相互作用。

（2）认识的主体与客体的关系

认识主体与客体的关系主要表现在以下四个方面：第一，实践关系，即主体与客体之间是改造与被改造的关系。人为了满足自己生存和发展的需要，就必须进行实践活动，通过实践活动改造客体。在实践活动中，一方面，主体作用于客体，主体使客体发生合乎人的需要的变化；另一方面，客体也以它的客观性及规律性制约着主体的实践活动，如果主体按照客体的本质和规律对其进行改造并取得成功，就是实现了主体与客体的相互改造。如果主体对客体的改造违背了客体的本质和规律，那么改造就是失败的。实践关系是主体和客体关系中最基本的关系，它是认识关系的基础。第二，认识关系，即主体与客体之间是反映与被反映的关系。主体在改造客体的过程中，必须正确认识客体，才能进行成功的实践活动。所谓认识关系，就是人们在改造对象的实践中反映其活动对象的关系。认识关系建立在实践关系基础上，只有在实践关系中，主体才能从客体中获得认识的客观内容。第三，价值关系，即主体与客体之间满足与被满足的关系。认识关系中渗透着价值关系。所谓价值是指客体的属性对主体需要的满足。客体是价值的物质承担者。如果客体满足了主体的需要，主体就认为客体是有价值的，否则，是没有价值的。主客体之间的价值关系具体表现为善恶或利害关系。第四，审美关系，即主体与客体之间存在着超功利的，体验美、感知美、创造美的关

系。认识关系中也渗透着审美关系。当主体与客体在一定的关系中，客体作用于主体，使主体产生了一定的美感；主体也同样作用于客体，发现或创造出来了客体原来没有的美，所以，美是主客体的统一。

在上面的四个关系中，实践关系是最基本的、是基础，起着决定性的作用。认识只有在实践的基础上，根据主体的需要、善的价值判断和对美的不懈追求，才能形成正确的并对人类有意义的认识。所以认识是在实践基础上主体对客体的能动反映。

了解了认识是什么以后，自然而然会想到另一个问题，就是人的认识从哪里来的，怎么来的？要弄懂这个问题就首先要正确清楚地理解认识的来源，认识产生的基础，认识产生的动力。正确认识实践和认识的关系，实践在认识过程中的作用。

辩证唯物主义认为实践是认识的基础。实践观点是马克思主义认识论的首要的和基本的观点。

（三）实践是认识的基础

认识的产生、发展、检验标准和目的以及认识过程的每一环节，都必须依赖于实践。所以，实践的观点是辩证唯物主义认识论首要的和基本的观点。

第一，实践是认识的来源。

实践是联结认识主体和客体的中介、桥梁和纽带，如果没有实践，认识就成了无源之水或无本之木。

首先，认识产生于实践的需要。究竟哪些事物成为人们的认识对象，这取决于人们社会实践的需要和水平。只有那些与人的需要相关的事物，才会成为人们认识或改造的对象。人类的认识活动总是为各个时代社会实践的特定需要服务的，科学研究的任务也总是围绕着社会实践的需要这个中心来确定的。在古代，为

了适应游牧民族和农耕民族确定季节、了解气候以及后来航海的需要，产生了天文学；为了适应丈量土地、衡量容积和其他计算上的需要，产生了数学；为了适应建筑工程、手工业以及战争的需要，产生了力学；天文学和力学的发展，又促进了数学的发展。近代资本主义生产的发展，产生了对新动力的需要，适应这种需要出现了蒸汽机。对蒸汽机的研究和改造，又进一步推动了动力学、热力学和机械学的发展。现代科学虽然具有较大的相对独立性，但归根结底还是由社会实践的需要所决定的。社会实践的需要始终是人类认识发展的强大动力。正如恩格斯所说，社会一旦有技术上的需要，这种需要就会比十所大学更能把科学推向前进。对社会的认识也是如此。例如，马克思主义正是适应无产阶级同资产阶级斗争的需要而产生的。在当今时代，科学发展观战略思想的确立，不仅是建设中国特色社会主义的需要，而且是解决人类面临的重大问题和构建和谐社会、和谐世界的需要。

其次，认识是在实践中产生的。正如毛泽东指出：你要有知识，你就得参加变革现实的实践。你要知道梨子的滋味，你就得变革梨子，亲口吃一吃。你要知道原子的组织同性质，你就得实行物理学和化学的实验，变革原子的情况。你要知道革命的理论和方法，你就得参加革命。

最后，一切真知归根结底都来源于实践。每一个人知识的获得都有两条重要途径：一是直接经验，二是间接经验。由于每个人生命的有限性，人们不可能时时或事事都去亲自实践，接受间接经验也就成为获得知识的重要途径。直接经验与间接经验是"源"与"流"的关系。直接经验是指从实践中直接得来的认识，间接经验是指从书本或他人那里得来的认识。但归根结底，一切真知都来源于实践。这提示我们既要重视书本知识，也要积极参加社会实践，在实践中学习。

第二，实践是认识发展的动力。认识随着实践的发展而不断发展。

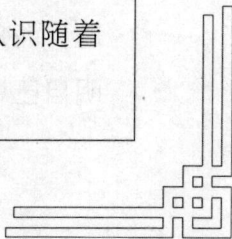

　　首先，变化发展着的实践不断给人们提出新的认识课题，推动人们不断地去进行新的探索和研究。其次，实践在向人们提出新课题的同时，也不断提供大量有关的经验材料以及新的认识工具，使人们在不断解决新问题的过程中，推动认识不断向前发展。最后，实践还改造了人的主观世界，锻炼和提高了人们的认识能力。人在实践活动中，不断使神经系统受到新的刺激，从而逐渐改变和完善了神经系统的结构和功能，使人的感觉能力和思维能力不断提高。

　　第三，实践是检验认识真理性的唯一标准。人们在实践中形成的认识，是否正确地反映了客体的本质和规律，是否具有真理性，在理论阶段是无法解决的，它只有回到实践中去才能得到检验，这是出真理的本性和实践的特点所决定的。正如马克思所说："人的思维是否具有客观的真理性，这不是一个理论的问题，而是一个实践的问题。人应该在实践中证明自己思维的真理性，即自己思维的现实性和力量，自己思维的此岸性。关于思维——离开实践的思维——的现实性或非现实性的争论，是一个纯粹经院哲学的问题。"马克思这一著名论断表明，人们只有在实践中才能检验自己认识的真理性。

第四，实践是认识的目的。人们认识世界的目的不在于获得理论，而在于有效地指导人们改造世界的实践。如果再好的理论不付诸实践，它是没有任何意义的。实践是认识的最终目的和归宿。

（四）认识的规律

列宁说过："从生动的直观到抽象的思维，并从抽象的思维到实践，这就是认识真理、认识客观实在的辩证途径。"毛泽东进一步把认识的辩证过程描绘成：从感性认识而能动地发展到理性认识，又从理性认识而能动地指导革

命实践，改造主观世界和客观世界。实践、认识、再实践、再认识，这种形式，循环往复以至无穷。

认识运动是一个辩证发展过程：从实践到认识；从认识到实践；实践、认识、再实践、再认识，认识运动不断反复和无限发展。认识过程有两次能动飞跃或者可以说两个阶段：从实践到认识（或从感性认识上升到理性认识）；从认识到实践。

1. 认识过程的第一次能动飞跃：从实践到认识——认识的形成过程

认识运动的辩证过程，首先是从实践到认识的过程。在这个过程中，认识采取了感性认识和理性认识两种形式，并经历了由前者到后者的能动飞跃。

（1）感性认识是认识的初级阶段，它是人们在实践基础上，对于事物的现象、事物的外部联系、事物的各个片面的认识，包括感觉、知觉和表象三种形式。感觉是人对作用于感觉器官的事物的个别特征（颜色、形状、味道、声音等）的反映。知觉是在大脑中把有关事物的个别特征组合在一起而形成的整体性反映，是比感觉高一级的认识形式。表象是大脑对过去知觉形象的回忆，是感性认识的最高形式。感性认识的特点是直接性和形象性。从感觉、知觉到表象，是由个别的特性到完整的形象，由当时感知到表象的直接保留和事后回忆的认识过程，这里已经包含着认识由部分到全体，由直接到间接的趋势。但整个说来，感性认识仍然是"生动的直观"，是认识的初级阶段，直接性是其突出的特点。感性认识是用具体的、生动的形象直接反映外部世界，以事物的现象即外部联系为内容，还没有深入到对事物的本质的认识。所以，感性认识虽然是生动的、形象的，但是还不深刻，这是其局限性所在，因而也是它必须要上升到理性认识的原因所在。

（2）理性认识是指人们通过抽象思维，达到关于事物的本质、全体、内部联系及规律的

认识。理性认识包括概念、判断、推理三种形式。概念是理性思维的最基本的形式，是对事物的本质特性的概括反映。判断是运用概念之间的关系来对客观事物的状况和性质做出肯定或否定的断定。推理是从已知判断按照一定的逻辑规则推导出新的判断。从概念到判断再到推理，是理性认识由低级到高级的发展。理性认识是认识的高级阶段，具有抽象性、间接性的特点。它以反映事物的本质，更深刻全面地反映客观事物。

（3）感性认识和理性认识有着密不可分的辩证联系。

首先，理性认识依赖于感性认识，理性认识必须以感性认识为基础。没有感性认识就没有理性认识。坚持理性认识依赖于感性认识，就是坚持了认识论的唯物主义。

其次，感性认识有待于发展和深化为理性认识。只有使感性认识上升到理性认识，才能把握住事物的本质，满足实践的需要。坚持了感性认识有待于发展和深化为理性认识，就是

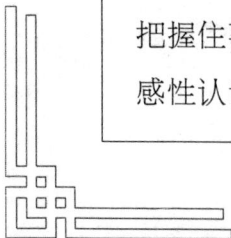

坚持了认识论的辩证法。

最后，感性认识和理性认识相互渗透，相互包含。在实际的认识过程中，感性认识和理性认识总是交织在一起的，没有纯粹的感性认识，也没有纯粹助理性认识。感性认识中渗透着理性认识，理性认识中也渗透着感性认识。

感性认识和理性认识是辩证统一的，统一的基础是实践。感性认识是在实践中产生的，由感性认识到理性认识的过渡，也是在实践的基础上实现的。如果割裂二者的辩证统一关系，就会走向唯理论和经验论。在实际工作中就会犯教条主义和经验主义的错误。

在感性认识和理性认识的关系问题上，如果割裂感性认识和理性认识的辩证统一，就会在理论上导致经验论和唯理论。经验论认为只有感性经验是可靠的，而理性认识是不可靠的。唯理论认为只有理性认识是可靠的，而感性认识是不可靠的。两者都具有一定的片面性。在实际工作中，经验主义和教条主义犯了类似经验论和唯理论的错误。经验主义片面夸

大感性经验的作用，轻视科学理论，把局部经验当作普遍真理，到处搬用。教条主义片面夸大理论和书本知识的作用，轻视感性经验。一切从本本出发，把理论当成万古不变的教条，生搬硬套。这两种倾向都是主观主义的，都曾给中国的革命和建设带来巨大损失，我们必须努力加以防止和纠正。

从感性认识向理性认识的过渡，必须具备两个基本条件：

第一，通过实践，深入调查，获取十分丰富和合乎实际的感性材料。这是正确实现由感性认识上升到理性认识的基础。

第二，运用科学的辩证思维方法，将丰富的感性材料加以去粗取精、去伪存真、由此及彼、由表及里地抽象和概括，才能将感性认识上升为理性认识。

2. 认识过程的第二次能动飞跃：从认识到实践——认识的实现过程

从认识到实践，是认识过程的第二次能动

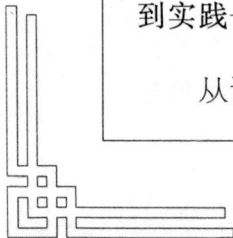

的飞跃。这次飞跃在认识过程中有重要意义。其一，认识世界的目的是改造世界。要实现改造世界这个目的，需要以科学的思想理论为指导。其二，理论只有回到实践中去，为群众所掌握，才会变成巨大的物质力量，真正实现对客观世界的改造，显示出理论的作用来。其三，理性认识只有回到实践中去，才能得到检验和充实、发展，完善。

实现由理论向实践的飞跃，是有条件的：第一，回到实践中去的理性认识必须尽可能地是正确的，这是理性认识回到实践中的前提条件。第二，必须从实际出发，坚持一般理论和具体实践相结合的原则。只有这样，理论才能真正发挥自己的指导作用，并随着实践的发展而发展。第三，理论要回到实践中去，需要经过一定的中介环节。第四，理论要回到实践中去，理论要和人民群众相结合，必须为群众所掌握，化为群众的实践力量。人民群众是实践的主体，理论只有为群众所掌握才能化为改造社会、改造自然的物质力量。第五，要有正确

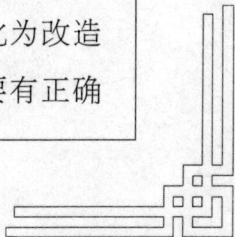

的实践方法即工作方法。

3. 认识的全过程及认识运动的不断反复和无限发展

从实践到认识，再从认识到实践，如此实践、认识、再实践、再认识，循环往复以至无穷，一步步地深化和提高，这就是认识发展的全过程。

人们对一个事物的正确认识，往往要经过从实践到认识，从认识到实践的多次反复；对复杂事物的正确认识，更是需要经过多次反复才能完成，这就表现出认识过程的反复性和无限性。认识过程的反复性和无限性是指人们的认识过程既不是封闭式的循环，也不是直线式的前进，而是螺旋式的曲折上升运动。这个运动，从形式上看，表现为认识和实践的反复循环；从内容上看，实践和认识之每一循环，都进到了高一级的程度。正是认识运动中实践和认识的这种循环往复和无限发展，体现了认识的本质和一般发展规律。

为什么对一个事物的正确认识要经过多次反复才能完成呢？造成认识过程反复性和无限性的原因是什么呢？

第一，人们对事物的认识，受客观事物本身发展的过程和表现程度的限制。客观事物本身有产生、变化和发展的过程，这个过程使得客观事物的本质的显露要有一个的过程，因而，人们对客观事物的认识也就需要一个过程。

第二，人们对事物的认识，受人自身认识能力和实践活动范围的限制。人类的思维虽然具有至上性，但是在一定历史阶段人类的认识能力是有限的，从而人的实践活动范围也是有限的。随着社会的发展，人类的认识能力和实践活动范围不断增强和扩大，这需要一个过程，因而，对事物正确的认识需要多次反复才能达到。

第三，人们对事物的认识，受科学技术条件的限制。人们认识事物，尤其是复杂的事物，往往需要借助一些工具、仪器、设备等，

因而，人类对事物的认识会受到当时生产力和科技发展条件的限制。生产能力的提高和科技的发展都需要一定的过程，因而，人们对事物正确的认识也需要一个过程，需要多次反复才能达到。

在世界地图上我们会看到，七大洲、四大洋的海陆轮廓都是那么清晰、分明。可是，是否自古以来就是这样的？如果不是，现在的状况是怎样形成的呢？

1910 年的一天，德国科学家阿尔佛雷德·罗塔尔·魏格纳躺在病床上，百无聊赖地看着墙上的世界地图。他突然发现大西洋两岸大陆的轮廓的凸凹十分吻合，尤其是非洲西海岸和南美洲东海岸简直就像一张撕成两半儿的报纸。他想到非洲大陆和南美洲大陆以前会不会是连在一起的，只是后来由于某种力的作用才使得它发生分离。那么大陆是否是漂移的呢？第二年，魏格纳开始搜集资料，验证自己的设想。1912 年，他提出了地壳变迁的大胆假说，即"大陆漂移说"。这一理论认为，在两亿年

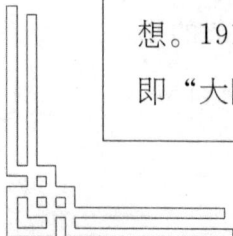

前，地球上只有一块被无边无际的泛海洋所包围的原始泛大陆。这块泛大陆由较轻的固态硅铝层组成，并漂浮在黏性很大的液态硅镁层上。到古生代以后，泛大陆开始破碎，碎块在地球自转和日月潮汐力的作用下，逐渐漂移开来，形成了今天的陆海分布格局。南美洲与非洲本来就是连在一起的，南美洲的东海岸与非洲的西海岸正是它们之间的一道裂痕。

这一石破天惊的理论，在科学界引起了强烈反响。一些学者积极支持，认真求证；另外的多数学者则坚决反对，猛烈抨击。直至1928年在纽约举行的一次地学讨论会上，"大陆漂移说"仍被斥为"荒诞的怪论"、"积木游戏"。两年以后，魏格纳在格陵兰的探险中不幸以身殉职，"大陆漂移说"也从此销声匿迹。

20世纪50年代，随着古地磁学新发现的问世和地球物理勘测技术的广泛应用，许多支持"大陆漂移说"的新证据又一次摆在人们的面前，才使这一学术在沉寂20多年后得以起死回生，重新活跃起来。此后，科学家们沿着

"大陆漂移说"的思路，深入研究，创立了"海底扩张说"和"板块构造说"，"大陆漂移说"才彻底站住了脚跟。

"大陆漂移说"从创立到得到承认，经历了近半个世纪，经受了无数的责难和攻击，但终究死而复生。

"大陆漂移说"可算是历尽磨难，这个故事启示我们：人的认识是从生动直观的感性认识上升到抽象的理性认识的；人们对事物的认识是复杂的，要经历实践—认识—再实践—再认识的反复过程。

（五）真理与价值

什么是真理？真理是客观的还是主观的，在哲学史上对这个问题唯物主义和唯心主义有截然不同的回答，我们通过下面的学习来寻找答案，从而对辩证唯物主义真理观有正确的理解。

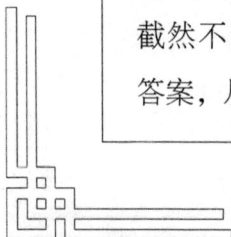

1. 真理的客观性、绝对性和相对性

(1) 真理是客观的

辩证唯物主义认为，真理是人们对于客观事物及其规律的正确反映，是标志主观与客观相符合的哲学范畴。

真理首要的、最基本的特点是客观性。辩证唯物主义者从存在第一性、思维第二性的认识路线出发，认为真理具有客观性，真理面前人人平等。真理的客观性亦称客观真理，主要包括两个方面：第一，真理的内容是客观的，即不以人的意志为转移；第二，检验真理的标准——实践是客观的。在真理问题上，只要承认真理的客观性，就是坚持了真理问题上唯物论的观点。

唯心主义真理观与辩证唯物主义相反，唯心主义者从意识第一性、物质第二性的认识路线出发，无论主观唯心主义还是客观唯心主义者都否认客观真理。

客观唯心主义认为真理是人们对某种神秘

SHEN ME SHI BIAN ZHENG WEI WU ZHU YI

客观精神的认识或上帝、神灵给人的"启示"，如柏拉图把真理看成是某种超经验的、永恒的"理念"：黑格尔则把真理看成是"绝对精神"的自我认识；宗教神学则把真理看成是上帝的启示或属性。

主观唯心主义把真理归结为人的"经验"、"信念"、"意志"等主观活动的产物。在现代西方哲学中，主观真理论最典型的代表是实用主义真理观。实用主义真理观的基本观点就是"有用即真理"。实用主义把"有用"与"真理"混同在一起，否认真理内容和标准的客观性，把是否满足人的主观需要看成检验真理的标准。真理是有用的，但不能反过来说有用的就是真理，如谎言和骗术对有的人来说是有用的，但却不是真理。因此说，实用主义只强调真理的有用性而否认了真理的客观性，否认了客观真理的存在。

（2）真理的绝对性和相对性

辩证唯物主义认为，真理都是客观的，同时，客观真理既是绝对的又是相对的。承认真理是客观的，这是真理问题上的唯物论；就真理的发展过程以及人们对它的认识和掌握程度来说，真理又是绝对的和相对的，这是真理问题上的辩证法。任何真理，既具有客观性，同时又具有绝对性和相对性。

①真理的绝对性即绝对真理，是指真理的无条件性、无限性。真理的绝对性有两个方面的含义：

第一，任何真理都是对客观事物及其规律的正确反映，都包含着客观内容，这一点是绝对的、无条件的。在这个意义上，承认了客观真理也就是承认了绝对真理。正如列宁所说："当一个唯物主义者，就要承认感官给我们揭示的客观真理。承认客观的即不依赖于人和人类的真理，也就是这样或那样地承认绝对真理。"

第二，人类认识按其本性来说，能够正确认识无限发展着的物质世界，认识每前进一步，都是对无限发展着的物质世界的接近，这一点也是绝对的、无条件的。在这个意义上，

承认物质世界的可知性，承认人能够正确认识无限发展着的物质世界的，也就是承认了绝对真理。正如恩格斯所说："对自然界的一切真实的认识，都是对永恒的东西、对无限的东西的认识，因而本质上是绝对的。"①

②真理的相对性即相对真理，是指真理的有条件性、有限性。真理的相对性也有两个方面的含义：

第一，真理从认识广度上看是有条件的、有限的。由于受到人类实践水平和范围以及认识能力的限制，真理只能是对物质世界的某个发展阶段、某些方面的正确认识，因而是有限的。

第二，真理从认识深度上看也是有条件的、有限的。任何其理都只是对客观物质世界的某些方面在一定程度、一定层次上近似正确的反映。任何真理都没有穷尽客观物质世界的

---

① 《马克思恩格斯选集》第 4 卷，人民出版社 1995 年版，第 341 页。

一切方面和特性，因而是有限的。

③真理的绝对性和相对性的辩证统一关系：

真理是具体的，是发展的，真理的绝对性和相对性是辩证统一的。

第一，真理的绝对性和相对性是同一客观真理的两种不同属性和方面，真理的绝对性和相对性是相互联结、相互渗透的。相对之中有绝对，绝对之中又有相对。绝对真理通过许多相对真理表现出来，无数个相对真理的总和构成绝对真理。

第二，具有相对性的真理是向具有绝对性的真理的发展与转化。真理是一个由相对真理间绝对真理无限转化的发展过程，任何一个真理都是这个转化过程中的一个环节。毛泽东曾经做过生动形象的说明："马克思主义者承认，在绝对的总的宇宙发展过程中，各个具体过程的发展都是相对的，因而在绝对真理的长河中，人们对于在各个一定发展阶段上的具体过程的认识只具有相对的真理性。无数相对的真

理之总和，就是绝对的真理。""长河"是个恰当的比喻，在绝对性真理这条"长河"中，包含着无数相对性真理的"水滴"和"河段"，人类已经取得的任何一项真理，都是绝对性真理长河中的一个成分，都是以往实践和认识的终点，又是进一步迈向绝对真理的起点，人们向绝对真理的接近，是无止境的，永远不会停留在一个水平上。

绝对性真理和相对性真理的辩证统一和人的思维能力间的关系：

绝对性真理和相对性真理的辩证统一，是同人的认识能力、思维能力的至上性和非至上性辩证统一的。

人类的思维，按其本性、能力和可能性来说，是能够认识无限发展着的物质世界的，这就是思维的至上性，亦即思维的无限性和绝对性。

但是，对每个特定时代的人或每一个人来说，由于受到客观事物及其本质的暴露程度，社会历史条件，个人的主观条件以及生命的有限性等各方面的限制，他们的思维又是非至上的，亦即有限的和相对的。人的认识能力、思维能力是至上和非至上、无限和有限的对立统一，作为人类认识、思维成果的真理，也是绝对和相对辩证对立统一。

2. 真理与谬误

谬误就是对客观事物及其规律的错误认识。真理和谬误的根本区别在于主观是否与客观相符合、相一致。

真理和谬误是人类认识活动过程中存在的两个矛盾着的方面，两者之间是对立统一的关系：

第一，真理和谬误是对立的。真理是对客观事物及其规律的正确反映，谬误就是对客观事物及其规律的歪曲的错误的反映。在一定条件下和一定范围内二者的对立是绝对的，不能混淆。

第二，真理和谬误又是统一的。首先，真理和谬误相比较而存在，二者互为对方存在的

条件，互相依赖，任何一方不能孤立存在。其次，真理和谬误相斗争而发展。真理的发展也是通过与谬误的斗争来实现的。另外，真理和谬误在一定条件下可以相互转化。任何真理都是在一定范围、一定条件下才能够成立，如果超出这个范围，失去了特定条件，它就会变成谬误。正如列宁所说只要再多走一小步，仿佛是向同一方向迈的一小步，真理变会变成错误。谬误也可以在一定条件下转变为真理。谬误不同于偏见。错误往往是正确的先导，失败常常是成功之母。"吃一堑，长一智"，对自己所犯的错误的认真总结，是发现真理的最好办法。真理和谬误的辩证关系原理告诉我们，要想做一个彻底的唯物主义者，就必须勇于坚持真理、修正错误，树立终生为真理而奋斗的理想信念，准备随时为真理而献身。在任何情况下，我们都要坚信，真理最终总要战胜谬误。我们党提出的"百花齐放，百家争鸣"的方针，就是一个自觉地运用真理发展的规律，在思想文化和科学领域里通过自由讨论，而达到坚持真理、修正错误的正确方针，一个彻底的唯物主义者，必须坚决维护和执行这个方针。但是必须明确，这个方针不是目的，而是达到认识真理的手段。

3. 真理的检验标准

人们获得了对客观事物的一些认识，并不意味着认识过程的结束，因为必须对认识结果加以检验、鉴别，判定其是否正确。那么，怎样检验，检验应该以什么来做标准？

（1）辩证唯物主义哲学以前，关于真理的检验标准的回答

究竟什么是检验真理的标准？中西哲学史上众多哲学派别曾做出过各种各样的解答。不可知论者否认存在真理，自然也否定真理检验标准。

唯心主义真理观认为真理标准存在于精神领域。他们有的以"圣人"、领袖人物的权威意见为检验标准；有的以有用性作为检验标准；有的以"绝对精神"、"神灵"等为检验标

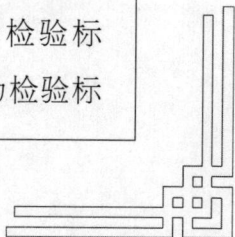

准。唯心主义真理观否认了真理的客观性，显然是错误的。

旧唯物主义真理观认为实验、生活是检验认识真理性的标准。旧唯物主义者虽然坚持了真理的客观性，主张检验真理有客观标准。但是，他们没有看到实践在认识中的决定作用，将真理和真理检验标准等同，因而也没有科学地解决真理的标准问题。

只有马克思主义哲学把实践引入认识论，才真正科学合理地解决了真理的标准问题。实践是检验真理的唯一标准，这是由真理的本性和实践的特点决定的。

（2）实践是检验真理的唯一标准

实践之所以能够作为真理的检验标准，这是由真理的本性和实践的特点决定的。

首先，从真理的本性看，真理是人们对客观事物及其发展规律的正确反映，是标志主观和客观相符合的哲学范畴。检验认识的真理性，就是检验人们的主观认识同客观实际是否相符合以及符合的程度。因此，检验认识是否是真理，需要把主观认识同客观实际联系起来加以比较、对照，检验标准不能是人的认识本身，也不能是客观事物自身。

一方面，不能用一种认识去检验另一种认识，不能检验主观认识同客观实际是否相符合；另一方面，客观事物本身无所谓正确和错误的问题，不可能把人的主观认识同自身对照、比较。所以，它也不能作为检验认识真理性的标准。因此，检验真理的标准应该是把主观和客观联系起来的桥梁——社会实践。

其次，从实践的特点看，实践是人们改造世界的客观的物质性活动，具有直接现实性的特点。就是说，人们遵循着一定的认识去实践，就可以引出现实的结果，把主观的东西变为客观的东西。一般来说，如果在实践中达到了原来预想的结果，那么人的认识就被证实了，就可以称之为真理性的认识；如果失败了，并且不是由于认识之外其他原因所引起的，那就是错误的认识。所以，实践的直接现实性的特点，是作为检验真理标准的主要

根据。

(3) 实践作为检验认识真理性的标准的确定性与不确定性——实践作为检验真理标准的辩证法

实践作为检验认识真理性的标准的确定性即绝对性，是指实践作为检验认识真理性的标准的唯一性。即除了实践，没有其他的标准。实践最终一定能鉴别出认识的真理性。这就是实践标准的确定性。肯定了实践标准的客观性和唯一性，也就必须承认实践标准的确定性、绝对性。

实践作为检验认识真理性的标准的不确定性即相对性，则是指实践对认识真理性的检验的条件性。任何实践都要受到特定的社会历史条件的制约，都有自身的局限性。因而，在特定社会历史条件下检验的认识的真理性也是具体的、历史的。另外，实践对真理的检验不可能一次完成。任何具体的实践活动对于真理的检验作用，都会由于历史条件的种种限制而表现出某种相对性、有限性和不确定性的特点。

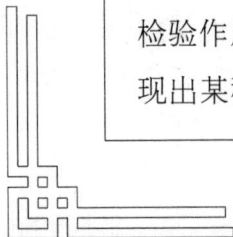

因此，我们必须把实践对真理的检验，看作是全部人类的实践即无数个别的、历史发展着的、整个社会的实践对真理的检验。实践检验和证明真理是一个过程，这个过程永远不会完结。

4. 真理与价值

人类认识世界获得真理性认识的最终目的是改造世界，而改造世界的目的是满足人类生存和发展的需要，这样就从真理问题中引出了价值问题。人类实践活动的根本要求是在实践的基础上，实现真理和价值的统一。真理和价值是同一人类实践活动中主客体关系的两个不同方面。

任何成功的实践都必然是真理尺度和价值尺度的统一。实践的真理尺度，是指人们在实践中所必须遵循的、反映了实践对象的客观规律和本质的真理。人们只有按照真理办事，才能在实践中取得成功。实践的价值尺度，是指人们在实践中所必须遵循的、以满足人们需要

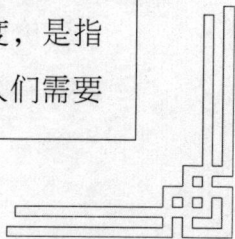

为内容的、特定的实践目标。任何实践活动都是在上述真理尺度和价值尺度的共同制约下进行。

(1) 价值及其特性

什么是价值？它有什么特点？

通常我们做事时都要考虑这件事情值不值得去做，有没有意义、带来的后果、能不能满足人的需要等，这就涉及价值问题。

价值是一个很普遍、很常见的概念，对它的理解可以从广义和狭义两个方面看。从狭义方面理解，价值指各种丰富多彩的具体形态的价值，如商品价值、艺术价值、审美价值、教育价值等。从广义方面理解，价值是对各种具体价值形态的本质概括，是指客体属性满足主体需要之间的关系，是外部客观世界对人的生存和发展所具有的意义。所以说，当客体能够满足主体需要时，客体对于主体就有价值，满足主体需要的程度越高价值就越大。

价值具有以下四个方面的特性：价值同时就具有客观性和主体性的基本特性。

第一，价值具有客观性。价值的客观性主要表现在：

首先，人的需要及其满足程度具有客观性。其次，满足人的需要的客体及其属性具有客观性。最后，满足人的需要的过程和结果具有客观性。例如某种食物是否能满足对人的生存和发展的需要；某种活动是否能满足人健身和愉悦的需要；某本图书是否能满足人获取知识的需要等。所有这些，都是客体在与主体相互作用中所构成的意义关系，都是客观存在的价值现象。

第二，价值具有主体性。价值的主体性表现在价值是以主体为内在尺度的，即客体是否具有价值是它是否能满足主体的现实需要为尺度，客体价值的大小是以满足主体需要的程度为尺度的。如果离开了主体的需要，就无所谓客体的价值。主体的需要越大，赋予客体的价值也就越大。

第三，价值具有社会历史性。由于价值关系中主体的需要和客体的属性、功能具有社会

性和历史性，因此价值具有社会历史性。

第四，价值具有多维性。由于主体的多样性及主体需要的多层次性，因此每一主体的价值关系都具有多维性或全面性。如黄金相对于主体的不同需要来说，具有多样、多层次的价值，如审美装饰的、经济的、科学研究的等。由此可见，价值具有多维性。

（2）价值评价及其特点

究竟什么是价值评价？所谓价值评价就是评价主体对价值主体和价值客体之间的价值关系及其实现程度进行判断和评估。换句话说，就是对有没有价值以及价值大小的评估。

价值评价是一种关于价值现象的认识活动，其特点主要有以下三个方面：

评价以主体的需要为内在尺度，以客体的性质、结构以及功能为外在尺度，评价结果与主体的特点、认识能力和实践能力密切相关。由于不同的主体在需要或要求方面往往存在着差异或矛盾，这就决定了不同主体对同一个事物的价值评价也常常会产生差异或矛盾。例

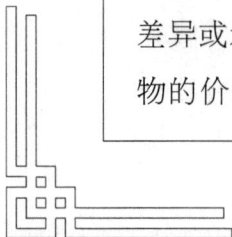

如，不同的价值主体对资本主义、社会主义的价值评价就不可能完全一致。但这不能说明价值评价纯粹的主观评价，价值评价的结果只有与人民、人类整体的要求或利益相一致，才是正确的价值评价。马克思主义以绝大多数人的利益为评价是非、善恶、美丑的标准，归根结底是以社会的进步和人类的彻底解放为标准的。

（3）真理和价值的辩证统一

为什么说真理和价值是辩证统一的呢？因为，成功的实践一定是以真理和价值的辩证统一为前提的，它既要遵循真理尺度，又符合价值尺度，并将二者有机地统一起来的结果。遵循真理尺度即我们通常所说的"按科学规律办事"；遵循价值尺度即我们通常所说的"满足人的需要"。无论何种实践，只有把"按科学规律办事"和"满足人的需要"相结合，才能达到目的，获得成功。坚持真理尺度和价值尺度的辩证统一，要求我们在实践中必须坚持和弘扬科学精神和人文精神。科学精神要求我们

必须坚持以科学的实事求是精神去认识世界和改造世界。在认识和实践活动中，必须如实地、准确地按照客观事物的本来面目去揭示其本质和规律，把追求真实、反对虚假看作是进行科学认识和实践活动的基本品格。人文精神要求把人民的利益和人的发展看作是一切认识和实践活动的出发点，贯彻"以人为本"的原则。从人民群众的利益和发展要求出发，把美好的追求作为认识和实践活动的重要目标。

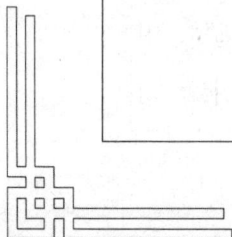

五、时代精神的精华

——辩证唯物主义与现时代

辩证唯物主义哲学是科学的世界观和方法论，它的意义不仅在于成功指导了以往的社会主义革命和建设实践。辩证唯物主义固有的"与时俱进"的理论品质，决定了它集中反映现时代的内容，对现时代人类面临的迫切问题、种种挑战做出辩证唯物的回答。辩证唯物主义哲学是"时代精神的精华"。

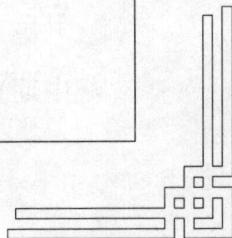

（一）辩证唯物主义与现代科技革命

什么是科技革命？历史上一共有几次科技革命？科技革命都给人类带来了哪些变化？科技革命和辩证唯物主义哲学有怎样的内在关系呢？

1. 什么是科技革命？

科技革命是科学革命和技术革命的合称。科学革命是指人们认识客观世界的质的飞跃，它表现为新的科学理论体系的诞生；技术革命是指人类改造客观世界的新飞跃，它表现为生产工具和工艺过程方面的重大变革。

2. 科技革命的历史及现代科技革命

第一次科技革命（18 世纪 60 年代至 19 世纪中期）又称工业革命。这次革命以 18 世纪

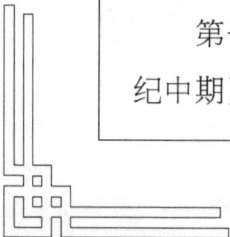

60 年代珍妮机的发明和使用为标志开始，以 1840 年前后，大机器生产成为工业生产的主要方式为标志完成。工业革命以后，资本主义最终战胜了封建主义而确立起来。

第二次科技革命（19 世纪 70 年代）。这次革命以发电机和电动机的发明和使用为其标志。这次革命使电力代替体力，推动生产力的更大发展。资本主义制度在世界范围内确立，资本积累和对殖民的肆意掠夺积累了大量资金。

第三次科技革命（20 世纪四五十年代）。这次革命以原子能工业、半导体工业、高分子合成工业、空间技术、计算机首次革命为标志，极大地推动了产业高级化。这次科技革命推动资本主义由一般垄断向国家垄断过渡。

第四次科技革命（20 世纪后期）。以系统科学的兴起、计算机的二次革命和生物工程为标志。这次革命使得人类社会迈入"信息时代"、"知识时代"。

通常意义上来说，在这四次科技革命中，

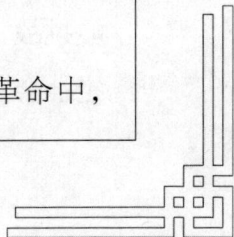

第一、二次科技革命属于近代科技革命，第三、四次科技革命属于现代科技革命。

3. 现代科技革命带来的影响

现代科技革命的发展推动社会生产力快速提高；带来社会经济结构和生活结构的巨变；加速社会生活现代化和全球化的实现；加速了生产和资本国际化、一体化和集团化趋势；加速了经济大国地位的调整和不平衡发展的加剧；扩大了发达国家和发展中国家间的差距；对社会文化和思想理论产生了深刻影响。

现代科技革命对社会主义国家以及中国带来的冲击是空前的。为什么这么说？因为世界上取得社会主义革命的胜利，确立了社会主义制度的国家，基本上都是一些科学技术并不很发达的国家，所以现代科学技术革命，必然引起社会主义国家和资本主义国家的科技竞争，必然使社会主义国家面临科技发展和竞争的严峻挑战，这竞争和挑战产生的影响和后果将决定社会主义的前途命运。

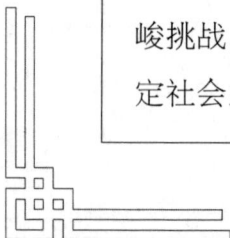

现代科技革命同样也给中国的发展带来挑战，中国也是经济、科技较为落后的国家，要取得社会主义改革的胜利，要巩固和发展社会主义，要建设社会主义现代化国家，就必须重视和强调科学技术的进步发展。

4. 马克思主义者历来十分重视科学技术

马克思说："把科学首先看成是历史的有力的杠杆，看成是最高意义上的革命力量。"① 列宁也曾经说："要建设共产主义，就必须掌握技术，掌握科学，并为更广大的群众运用它们。"② 邓小平根据中国的发展实际提出"科学技术是第一生产力"的科学论断。在《在全国科学大会开幕式上的讲话》中，邓小平指出："四个现代化，关键是科学技术的现代化。没有现代科学技术，就不可能建设现代农业、现代工业、现代国防。没有科学技术的高速度发

① 《马克思恩格斯全集》第 19 卷，人民出版社 1963 年版，第 372 页。
② 《列宁选集》第 3 卷，人民出版社 1972 年版，第 784 页。

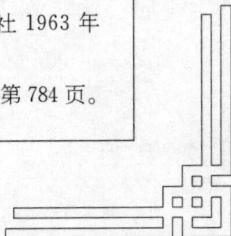

展，也就不可能有国民经济的高速度发展。"江泽民在全国科技大会上的讲话中提出了实施科教兴国的战略，确立科技和教育是兴国的手段和基础的方针。十五大报告指出："世界变化很大很快，特别是日新月异的科技进步深刻地改变了并将继续改变当代经济社会生活和世界面貌，任何国家的马克思主义者都不能不认真对待。"胡锦涛强调把科学技术摆在优先发展战略地位。习近平指出，科学技术是世界性的、时代性的，发展科学技术必须具有全球视野、把握时代脉搏。

5. 现代科技革命进一步证实和发展了辩证唯物主义哲学

恩格斯说："随着自然科学领域中每一个划时代的发现，唯物主义也必然要改变自己的形式。"① 现代科技革命带来科技领域的新成果、新进步进一步证实和发展了辩证唯物主义

① 《马克思恩格斯选集》第 4 卷，人民出版社 1995 年版，第 224 页。

哲学。

第一，现代科技革命在许多领域实现了重大突破，使得人类对世界的认识和改造活动达到了前所未有的广度和深度，深化和拓展了辩证唯物主义哲学的宇宙观。例如，射电望远镜的发明和使用，使人们对宏观宇宙的观察可达到 200 亿光年以上。物质结构理论，特别是夸克禁闭理论，使人们对微观宇宙的认识达到了前所未有的水平。

第二，现代科技革命所取得的丰硕成果，证明、充实和丰富了辩证唯物主义哲学的一系列基本原理。例如，爱因斯坦相对论以确凿的科学事实揭示了物质和运动、物质运动与时间空间的不可分割性，有力地证明了马克思主义哲学关于世界物质统一性的原理。又如现代系统科学丰富了马克思主义哲学关于世界普遍联系的原理。再如电脑科学和现代人工智能技术，极大地充实了意识的本质和能动作用的原理。

第三，现代科技革命提出的许多新的问题

推动着辩证唯物主义哲学的进步和发展。例如宇宙的起源和演化问题，生命科学和生物工程提出的伦理问题，计算机的广泛应用所引发的各种社会问题等，都需要以辩证唯物主义哲学为指导进行深入的研究和探索，在这种研究和探索过程中，推动和促进辩证唯物主义哲学的进一步完善和发展。辩证唯物主义哲学面临着现代科技革命的挑战，它必须对现代科技发展所提出的问题做出新的哲学概括，否则就将落后于时代，失去作为时代精神精华的资格。

6. 辩证唯物主义哲学对现代科技革命的指导意义

辩证唯物主义哲学的发展和充实与现代科学技术革命的出现和发展是一致的。辩证唯物主义哲学的基本原理是不会过时的，它无论在过去、现在还是在将来，都是指导科学技术发展的强大思想武器。

正如列宁所说："任何自然科学，任何唯物主义，如果没有充分可靠的哲学论据，是无

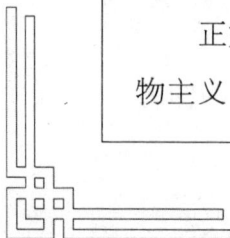

法对资产阶级思想的侵袭和资产阶级世界观的复辟坚持斗争的。为了坚持这个斗争，为了把它进行到底并取得完全胜利，自然科学家就应该作一个现代的唯物主义者，作一个以马克思为代表的唯物主义的自觉拥护者，也就是说应当作一个辩证唯物主义者。"① 只有坚持辩证唯物主义哲学理论的指导，科技工作人员才能自觉地树立起科学的世界观，才能掌握科学的辩证思维方法，才能深入把握和认识科学技术的辩证本质，才能找到科学技术进一步发展的正确途径。正如著名的奥地利物理学家薛定谔说："哲学并不属于知识大厦本身，它只是不可缺少的脚手架，没有它，大厦就建造不下去。"

① 《列宁选集》第 4 卷，人民出版社 1972 年版，第 608～609 页。

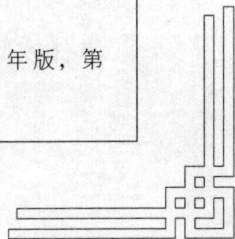

（二）辩证唯物主义与
中国特色社会主义建设

1. 辩证唯物主义哲学是建设有中国特色社会主义的重要哲学基础

第一，辩证唯物主义哲学中，矛盾普遍性与特殊性的辩证统一原则是我们党把马克思主义普遍真理同中国具体实际相结合思想的重要哲学基础，是建设中国特色社会主义的重要哲学依据。矛盾普遍性与特殊性的辩证统一原理，即共性和个性、绝对和相对的辩证统一原理。一方面，建设有中国特色的社会主义必须坚持社会主义制度的本质特征和基本原则，这体现了社会主义制度的共同性；另一方面，建设有中国特色的社会主义，要求必须从中国的具体实际、特殊国情出发，把体现社会主义共性的基本原则同我国特殊性相结合，探索有中国特色的社会主义之路。

第二，辩证唯物主义哲学的基本立场、基本观点和方法，在有中国特色的社会主义理论体系创立和完善的过程中发挥指导性作用。有中国特色的社会主义理论体系的构成内容都是以辩证唯物主义哲学中的唯物论、唯物主义辩证法、辩证唯物主义认识论等为指导思想。如关于解放思想，实事求是，以实践作为检验真理的唯一标准的观点；关于建设社会主义必须有一个很长的初级阶段的观点；关于社会主义社会的根本任务是发展生产力的观点；关于科学技术是第一生产力的观点；关于改革是社会主义制度自我完善的观点和改革也是革命的观点；关于计划和市场都是调节经济的手段的观点；关于社会主义民主政治和社会主义精神文明是社会主义重要特征的观点；关于坚持四项基本原则同坚持改革开放的总方针这两个基本点缺一不可、相互结合、有机统一的观点；关于用"一个国家、两种制度"实现祖国统一的

观点等。无一例外，这些理论内容都离不开辩证唯物主义哲学的基本立场、基本观点和方法。

第三，辩证唯物主义哲学坚持实践、认识、再实践、再认识，坚持主观和客观、理论和实践的具体的历史的统一的马克思主义认识论的基本观点，是推进有中国特色的社会主义理论发展和建设实践不断探索的重要精神支持。推进有中国特色的社会主义理论和实践进步，是一项重大而又艰巨的重要历史任务，可以说是前无来者，因而要有敢于涉险的精神，要有敢于摸着石头过河的勇气。多年来，我们在建设社会主义的过程中，对于什么是社会主义，如何建设社会主义进行了多方面的探索，取得了不少正确的思想。但是，由于较长时期指导思想上"左"的错误，脱离实际，没有能对什么是社会主义的认识同中国国情结合起来，同社会主义建设的实践结合起来，因而有许多不符合马克思主义也不符合实际的东西。十一届三中全会以后，我们党纠正了"左"的错误，在思想理论上进行了拨乱反正，恢复了马克思主义的认识路线，在总结国内外社会主义实践经验的基础上，形成了建设有中国特色的社会主义理论，把对社会主义的理论认识不断推向新的高度。

2. 建设有中国特色的社会主义实践活动，为辩证唯物主义哲学的丰富发展打下了深厚基础并成为强大推动力

建设有中国特色的社会主义的实践活动不断深入为马克思主义及辩证唯物主义哲学的发展提供了新的契机。在建设有中国特色的社会主义的实践活动不断深入地进行过程中，必然会遇到很多新的形势、新的问题、新的观点，这就需要马克思主义及其哲学有新的发展，以适应时代发展的新形势，解释、解决新问题，论证新观点。在一系列实践活动的要求下，面向现代化建设和改革发展的实际，马克思主义学者们要勇于探索和创新，敢于打破对马克思主义及其哲学的教条式理解和附加到它的名义

下的错误观点，敢于抛弃前人囿于一定历史条件和科学发展水平而做出的现已过时的结论，敢于超越一定历史条件下形成的、已不适合时代要求的旧的理论框架和逻辑体系。因而，建设有中国特色的社会主义的实践活动，为辩证唯物主义哲学的丰富发展打下了深厚的基础并成为强大的推动力。

（三）辩证唯物主义与科学发展观

1. 科学发展观

在 2003 年中共十六届三中全会上提出科学发展观，指出"发展要以人为本，全面协调可持续"，做到"五个统筹"。2007 年，在党的十七大上，胡锦涛在《高举中国特色社会主义伟大旗帜为夺取全面建设小康社会新胜利而奋斗》的报告中，对科学发展观做了全面深入的阐释。根据党的十七大部署，中央决定从 2008 年 9 月开始，用一年半左右的时间，在全党分批开展深入学习实践科学发展观活动。

科学发展观第一要义是发展，核心是以人为本，基本要求是全面协调可持续性，根本方法是统筹兼顾，指明了我们进一步推动中国经济改革与发展的思路和战略，明确了科学发展观是指导经济社会发展的根本指导思想，标志着中国共产党对于社会主义建设规律、社会发展规律、共产党执政规律的认识达到了新的高度，标志着马克思主义的中国化，标志着马克思主义和新的中国国情相结合达到了新的高度和阶段。

科学发展观是中国共产党党章规定的党的指导思想，是胡锦涛为总书记的党的第四代领导集体对马克思主义、毛泽东思想的发展，是中国特色社会主义理论体系的重要组成部分。

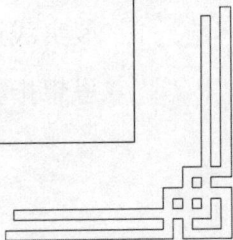

2. 辩证唯物主义是科学发展观的重要哲学基础

科学发展观具有深刻的辩证唯物主义基础，为什么这么说？我们来做具体分析：

第一，辩证唯物主义哲学唯物论与科学发展观。

辩证唯物主义告诉我们，世界上物质是第一性的，意识是第二性的，物质决定意识，意识对物质具有能动的反作用，这一原理要求我们要做到一切从实际出发、实事求是、使主观符合客观。中国共产党在这一原理基础上，将它同中国现阶段的具体发展实际相结合，对全面建设小康社会过程中所面临的诸多挑战和矛盾进行具体细致的分析，形成了科学发展观。

辩证唯物主义意识论指出，意识对物质具有能动的反作用，正确的意识能够对改造世界起到巨大的推动作用。在中国新时期的建设发展实践过程中，必须有正确的符合发展规律的思想指引，必须有积极统一的思想调动，才能充分发挥出中国人民巨大的主观能动性。因而，中国新时期的建设发展实践，呼唤科学的指导思想的发展。

第二，辩证唯物主义哲学对立统一思想与科学发展观。

唯物辩证法认为，矛盾是事物发展的根本原因与动力，事物处在由多种矛盾所构成的矛盾体系中，各种矛盾的力量是不平衡的，一个矛盾双方的地位也是不平衡的，即存在主要矛盾和次要矛盾，矛盾的主要方面和次要方面。在解决矛盾时应坚持唯物辩证法的两点论和重点论相统一的原则。两点论就是既要看到主要矛盾和矛盾的主要方面，又要看到次要矛盾和矛盾的次要方面，不能只顾一方面，而忽视另一方面。重点论就是在看到两个方面时，必须分清主次，抓住主要矛盾和矛盾的主要方面，不能把两者等量齐观，更不能颠倒主次。坚持科学发展观就必须"五个统筹"：统筹城乡经济，统筹区域发展，统筹经济社会发展，统筹人与自然和谐发展，统筹国内发展和对外开

放。实际上讲，实现"五个统筹"就是要处理好五对矛盾：城市发展和农村发展之间，国内各区域之间，经济增长和社会发展之间，人和自然之间，国内改革和对外开放之间的矛盾。处理好这些矛盾，首先要认真分析矛盾，分析每一段历史时期，这几对矛盾以及矛盾双方所处的不同地位；而后针对具体历史时期的不同情况，分轻重先后解决这些矛盾。

第三，辩证唯物主义哲学系统观点与科学发展观。

唯物辩证法的系统观强调，系统整体是由各个局部或要素有序地内在联结而成的。认为任何事物的发展都是一个系统工程，是辩证的发展，是全面的、保持内在各要素相对平衡的发展。系统的有机组成要素在发展中相互联系、相互制约、相互作用，构成了系统的整体发展。社会发展就是一个复杂的系统工程，社会主义现代化建设的各个领域是一个有机联系着的整体，各个部门、各个方面都相互联系和制约，互为存在和发展的条件。由此我们要着眼于系统整体，从整体出发认识问题、解决问题。科学发展观坚持"全面、协调、可持续发展"的思想，就是强调社会发展的整体性、系统性：坚持社会的经济、政治、文化全面发展，坚持物质文明、政治文明、精神文明和生态文明的协调发展，推进人与自然和社会的和谐发展。因此，科学发展观是马克思主义关于社会发展的系统性、整体性思想的体现。

第四，辩证唯物主义的认识论思想与科学发展观。

辩证唯物主义的认识论认为，实践在认识过程中起着决定性的作用，认识的最终目的是要进行改造世界的实践，认识运动过程是一个不断反复和无限发展的过程。科学发展观的提出，是当代中国的国情、中国的建设发展实践赋予我们的全新的工作任务，这体现了实践决定认识的思想。科学发展观的贯彻落实，对于全面建设小康社会进而实现现代化的宏伟目标具有重大而深远的意义，这体现了认识对实践反作用的思想。同时，科学发展观也体现了实

践永无止境，创新永无止境。

在当前的中国，坚持真理尺度，就是坚持和发展马克思主义的世界观和方法论，坚持价值尺度，就是坚持以人为本，执政为民，坚持人民利益高于一切。坚持真理尺度和价值尺度的辩证统一，要求在实践中必须坚持科学精神和人文精神的统一。科学发展观核心是坚持"以人为本"，强调要始终把实现好、维护好、发展好最广大人民的根本利益作为党和国家一切工作的出发点和落脚点，尊重人民主体地位，发挥人民首创精神，保障人民各项权益，走共同富裕道路，促进人的全面发展，做到发展为了人民、发展依靠人民、发展成果由人民共享。因此，科学发展观既体现着要以科学的实事求是精神去认识世界和改造世界的科学精神，也体现着"以人为本"的人文精神。

总之，辩证唯物主义哲学是科学发展观的理论基础，科学发展观是辩证唯物主义发展观在新时期的新的发展。